Goethe

Ob ich Dich liebe weiß ich nicht

Insel Clip

11

Das populäre Bild vom erotischen Schwerenöter Goethe beruht nicht zuletzt darauf, daß man hinter jedem Liebesgedicht eine wirkliche Liebesbeziehung vermutete. Dazu hat er selbst bereits das Nötige gesagt: »Man bedenkt aber selten, daß der Poet meistens aus geringen Anlässen was Gutes zu machen weiß.« (Zu Eckermann, 8. 4. 1829.)

Gleichwohl ist es bemerkenswert, wie vielfältig sich bei Goethe aus mehr oder weniger »geringen Anlässen« Liebesgedichte herauswickelten. Natürlich gab es schon davor eine lange Tradition der Liebeslyrik, in der ganzen Weite von der artistischen Tradition des unerfüllten Schmachtens bis zum Volkslied. Aber das waren Dichtungstraditionen, die, bei aller Unterschiedlichkeit, jeweils vor allem durch die Stereotypie ihrer Motivik gekennzeichnet waren. Schon seit der Mitte, dann aber vor allem seit dem letzten Drittel des 18. Jahrhunderts jedoch gewinnt das Thema der Liebe einen neuen Stellenwert in der Lyrik, in der Dichtung insgesamt, und Goethe ist nur die prominenteste Dichterpersönlichkeit in diesem Prozeß.

Diese Veränderung antwortet auf einen veränderten Bedarf: Liebe ist problematisch geworden und bedarf deshalb der Reflexion. Früher waren die Regeln eindeutig gewesen: Eine gute Ehe, gestiftet von den beiden Familien, beruhte auf gemeinsamen materiellen Interessen, verbunden mit wechselseitiger Wertschätzung, aber das reichte dann auch. Außerdem gab es da noch gelegentliche Anwandlungen, die aber als ›Leidenschaft‹ oder als ›Sünde‹ zu den Abweichungen vom richtigen Leben gehörten. Auch in der Literatur war leidenschaftliche Liebe meist eine Sache heidnischer Seeräuber oder Despoten, die christlichen

Jungfrauen Gewalt antaten, oder höfischer Libertins, die braven Bürgerstöchtern nachstellten. Wo jedoch Sympathieträger von Leidenschaft ergriffen wurden, da wurden sie als unschuldige Opfer einer Naturgewalt dargestellt: Tristan und Isolde geraten wegen eines versehentlich getrunkenen Zaubertranks ins Verhängnis, Romeo und Julia wegen ihrer kindlichen Unerfahrenheit.

Weshalb ändert sich das? Einer der Hauptgründe liegt im Entstehen des modernen Individualitätskonzepts: Im Zuge der gesellschaftlichen Differenzierungsprozesse treten die Individuen aus ihren Rollen und Funktionsgefügen heraus, es entsteht die Vorstellung eines ›Selbst‹, das relativ unabhängig von diesen Rollen ist und ihnen nur noch von Fall zu Fall folgt. Das hat Folgen bis weit hinein in den Gefühlsbereich. Die gesellschaftlichen Regeln verlieren an Selbstverständlichkeit, Handeln und Erleben verlieren an stabilisierenden Außenhalten, werden ›freier‹, aber auch riskanter.

Und Liebe wird plastischer, vielgestaltiger, zugleich modellierungsbedürftiger. Man muß mit dem Partner abstimmen, welche Liebe gemeint ist, und man muß auch herausfinden, welche Liebe man selbst braucht. Der Bedarf an Kommunikation über die Liebe steigt damit sprunghaft an. Das gilt bis in die Gegenwart. Ob man dabei die Gefühlsvorschläge aus Groschenheft und Pop-Texten gewinnt oder aus der Liebeslyrik Goethes, ist dann weniger eine Frage des Bezugsproblems als eine des Anspruchsniveaus. Im einen wie im anderen Fall geht es um das schwierige Geschäft, eine stabile und doch flexible Identität der Person, eine verläßliche und zugleich erregende Kommunikation mit dem nächsten Menschen zu ermöglichen.

Karl Eibl

Johann Wolfgang Goethe

Ob ich Dich liebe weiß ich nicht

Liebesgedichte

Herausgegeben von Karl Eibl

Insel Verlag

Insel-Clip 11
Erste Auflage 1995

Vertrieb durch den Suhrkamp Taschenbuch Verlag
Umschlag von Hermann Michels, unter Verwendung
eines Fotos von Claus Wickrath
Satz: Hümmer GmbH, Waldbüttelbrunn
Druck: Ebner Ulm
Printed in Germany

1 2 3 4 5 6 – 00 99 98 97 96 95

Ob ich Dich liebe weiß ich nicht

Annette

Annette an ihren Geliebten

Ich sah wie Doris bei Damöten stand,
Er nahm sie zärtlich bei der Hand;
Lang sahen sie einander an;
Und sahn sich um, ob nicht die Eltern wachen,
Und da sie niemand sahn,
Geschwind – Genug sie machtens, wie wirs machen.

An den Schlaf

Der du mit deinem Mohne
Selbst Götteraugen zwingst,
Und Bettler oft zum Throne
Zum Mädgen Schäfer bringst,
Vernimm: kein Traumgespinste
Verlang' ich heut' von dir,
Den größten deiner Dienste
Geliebter, leiste mir.

An meines Mädgens Seite
Sitz' ich, ihr Aug' spricht Lust,
Und unter neid'scher Seide
Steigt fühlbar ihre Brust,
Oft hatte meinen Küssen
Sie Amor zugebracht,
Dies Glück muß ich vermissen,
Die strenge Mutter wacht.

Am Abend triffst du wieder
Mich dort, o tritt herein,
Sprüh' Mohn von dem Gefieder,
Da schlaf die Mutter ein:
Bei blassem Lichterscheinen,
Von Lieb' Annette warm,
Sink', wie Mama in deinen,
In meinen gier'gen Arm.

Das Schreien

Nach dem Italiänischen

Jüngst schlich ich meinem Mädgen nach,
Und ohne Hindernis
Umfaßt' ich sie im Hain; sie sprach:
Laß mich, ich schrei gewiß.
Da droht' ich trotzig: Ha, ich will
Den töten, der uns stört.
Still, winkt sie lispelnd, Liebster, still,
Damit dich niemand hört.

Gute Nacht

an Annetten da sie heuratete

Wenn man zwanzig Freier zählet,
Keinen liebt, und alle quälet,
Alle liebt, und keinen wählet;
Das ist eine stolze Lust
Für so eines Mädgens Brust.
Wenn so zwanzig bettlend stehn,
O wie lebt sich's da so schön!
Ist wohl eine Wollust größer?
Doch im Ehstand sitzt man besser.

Zwar mit Freuden und mit Scherzen
In zwei kopulierten Herzen,
Ist's wie mit den Hochzeitkerzen
Glänzend leuchten sie im Saal
Und verherrlichen das Mahl,
Aber, so nach zehen Uhr
Bleiben kleine Stümpfgen nur;
Damit leuchte dir zu Bette!
Gute Nacht! Schlaf wohl, Annette!

Friederike

⟨Mit einem gemalten Band⟩

Kleine Blumen, kleine Blätter
Streuen mir mit leichter Hand
Gute junge Frühlings Götter
Tandlend auf ein luftig Band

Zephir nimms auf deine Flügel
Schlings um meiner Liebsten Kleid
Und dann tritt sie für den Spiegel
mit zufriedener Munterkeit

Sieht mit Rosen sich umgeben
Sie wie eine Rose jung
– einen Kuß geliebtes Leben
Und ich bin gelohnt genu⟨n⟩g,

Schicksal segne diese Triebe
Laß mich ihr und laß Sie mein
Laß das Leben unsrer Liebe
Doch kein Rosen Leben sein

Mädgen das wie ich empfindet
Reich mir deine Liebe Hand
Und das Band das uns verbindet
Sei kein schwaches Rosen Band.

<Willkommen und Abschied>

Mir schlug das Herz; geschwind zu Pferde,
Und fort, wild, wie ein Held zur Schlacht!
Der Abend wiegte schon die Erde,
Und an den Bergen hing die Nacht;
Schon stund im Nebelkleid die Eiche,
Ein aufgetürmter Riese, da,
Wo Finsternis aus dem Gesträuche
Mit hundert schwarzen Augen sah.

Der Mond von seinem Wolkenhügel,
Schien kläglich aus dem Duft hervor;
Die Winde schwangen leise Flügel,
Umsausten schauerlich mein Ohr;
Die Nacht schuf tausend Ungeheuer –
Doch tausendfacher war mein Mut;
Mein Geist war ein verzehrend Feuer,
Mein ganzes Herz zerfloß in Glut.

Ich sah dich, und die milde Freude
Floß aus dem süßen Blick auf mich.
Ganz war mein Herz an deiner Seite,
Und jeder Atemzug für dich.
Ein rosenfarbes Frühlings Wetter
Lag auf dem lieblichen Gesicht,
Und Zärtlichkeit für mich, ihr Götter!
Und hofft' es, ich verdient' es nicht.

Der Abschied, wie bedrängt, wie trübe!
Aus deinen Blicken sprach dein Herz.
In deinen Küssen, welche Liebe,
O welche Wonne, welcher Schmerz!
Du gingst, ich stund, und sah zur Erden,
Und sah dir nach mit nassem Blick;
Und doch, welch Glück! geliebt zu werden,
Und lieben, Götter, welch ein Glück.

Maifest

Wie herrlich leuchtet
Mir die Natur!
Wie glänzt die Sonne!
Wie lacht die Flur!

Es dringen Blüten
Aus jedem Zweig,
Und tausend Stimmen
Aus dem Gesträuch,

Und Freud und Wonne
Aus jeder Brust.
O Erd o Sonne
O Glück o Lust!

O Lieb' o Liebe,
So golden schön,
Wie Morgenwolken
Auf jenen Höhn;

Du segnest herrlich
Das frische Feld,
Im Blütendampfe
Die volle Welt.

O Mädchen Mädchen,
Wie lieb' ich dich!
Wie blinkt dein Auge!
Wie liebst du mich!

So liebt die Lerche
Gesang und Luft,
Und Morgenblumen
Den Himmels Duft,

Wie ich dich liebe
Mit warmen Blut,
Die du mir Jugend
Und Freud und Mut

Zu neuen Liedern,
Und Tänzen gibst!
Sei ewig glücklich
Wie du mich liebst!

Jetzt fühlt der Engel, was ich fühle
Ihr Herz gewann ich mir beim Spiele
Und sie ist nun von Herzen mein
Du gabst mir Schicksal diese Freude
Nun laß auch Morgen sein wie heute
Und lehr mich ihrer würdig sein.

Ich komme bald, ihr goldnen Kinder,
Vergebens sperret uns der Winder
In unsre warmen Stuben ein
Wir wollen uns zum Feuer setzen
Und tausendfaltig uns ergötzen
Uns lieben wie die Engelein
Wir wollen kleine Kränzgen winden
Wir wollen kleine Sträußgen binden
Und wie die kleinen Kinder sein

Nun sitzt der Ritter an dem Ort,
Den ihr ihm nanntet liebe Kinder,
Sein Pferd ging ziemlich langsam fort,
Und seine Seele nicht geschwinder.
Da sitz ich nun vergnügt bei Tisch
Und endige mein Abenteuer,
Mit einem Paar gesottener Eier

Und einem Stück gebacknem Fisch
Die Nacht war wahrlich ziemlich düster
Mein Falcke stolperte wie blind
Und doch fand ich den Weg so gut als ihn der Küster
Des Sonntags früh zur Kirche findt.

Ob ich Dich liebe weiß ich nicht:
Seh ich nur einmal dein Gesicht,
Seh Dir in's Auge nur einmal,
Frei wird mein Herz von aller Qual;
Gott weiß, wie mir so wohl geschicht!
Ob ich Dich liebe, weiß ich nicht.

Ach wie sehn ich mich nach Dir,
Kleiner Engel! nur im Traum, –
Nur im Traum erscheine mir!
Ob ich da gleich viel erleide,
Bang um Dich mit Geistern streite,
Und erwachend atme kaum.
Ach wie sehn ich mich nach Dir,
Ach wie teuer bist du mir,
Selbst in einem schweren Traum!

Ein grauer trüber Morgen
Bedeckt mein liebes Feld,
Im Nebel tief verborgen,
Liegt um mich her die Welt
O liebliche Fridricke
Dürft ich nach Dir zurück
In einem Deiner Blicke
Liegt Sonnenschein und Glück

Der Baum in dessen Rinde
Mein Nam bei Deinem steht,
Wird bleich vom rauhen Winde
Der jede Lust verweht
Der Wiesen grüner Schimmer
Wird trüb wie mein Gesicht
Sie sehen die Sonne nimmer
Und ich Fridricken nicht,

Bald geh ich in die Reben
Und herbste Trauben ein
Umher ist alles Leben
Es strudelt neuer Wein,
Doch in der öden Laube
Ach, denk ich wär Sie hier,
Ich brächt ihr diese Traube,
Und Sie – was gäb Sie mir?

Lili

⟨Neue Liebe neues Leben⟩

Herz mein Herz was soll das geben?
Was bedränget dich so sehr?
Welch ein fremdes neues Leben!
Ich erkenne dich nicht mehr!
Weg ist alles was du liebtest,
Weg worum du dich betrübtest,
Weg dein Fleiß und deine Ruh,
Ach wie kamst du nur dazu.

Fesselt dich die Jugendblüte?
Diese liebliche Gestalt,
Dieser Blick voll Treu und Güte,
Mit unendlicher Gewalt?
Will ich rasch mich ihr entziehen
Mich ermannen ihr entfliehen;
Führet mich im Augenblick
Ach mein Weg zu ihr zurück.

Und an diesem Zauberfädgen
Das sich nicht zerreißen läßt
Hält das liebe lose Mädgen
Mich so wider willen fest.
Muß in ihrem Zauberkreise
Leben nun auf ihre Weise.
Die Verändrung ach wie groß!
Liebe liebe laß mich los.

Bleibe, bleibe bei mir
Holder Fremdling, süße Liebe
Holde süße Liebe
Und verlasse die Seele nicht
Ach wie anders wie schön
Lebt der Himmel lebt die Erde
Ach wie fühl ich wie fühl ich
Dieses Leben zum erstenmal!

Lili's Park

Ist doch keine Menagerie
So bunt als meiner Lili ihre!
Sie hat darin die wunderbarsten Tiere,
Und kriegt sie 'rein, weiß selbst nicht wie.
O wie sie hüpfen, laufen, trappeln,
Mit abgestumpften Flügeln zappeln,
Die armen Prinzen allzumal,
In nie gelöschter Liebesqual!

Wie hieß die Fee? – Lili? – Fragt nicht nach ihr!
Kennt ihr sie nicht, so danket Gott dafür.

Welch ein Geräusch, welch ein Gegacker,
Wenn sie sich in die Türe stellt
Und in der Hand das Futterkörbchen hält!
Welch ein Gequiek, welch ein Gequacker!
Alle Bäume, alle Büsche, scheinen lebendig zu werden:
So stürzen sich ganze Herden
Zu ihren Füßen; sogar im Bassin die Fische
Patschen ungeduldig mit den Köpfen heraus:
Und sie streut dann das Futter aus
Mit einem Blick – Götter zu entzücken,
Geschweige die Bestien. Da geht's an ein Picken,
An ein Schlürfen, an ein Hacken;
Sie stürzen einander über die Nacken,

Schieben sich, drängen sich, reißen sich,
Jagen sich, ängsten sich, beißen sich,
Und das um ein Stückchen Brot,
Das, trocken, aus den schönen Händen schmeckt,
Als hätt' es in Ambrosia gesteckt.

Aber der Blick auch! Der Ton!
Wenn sie ruft Pipi! Pipi!
Zöge den Adler Jupiters vom Thron;
Der Venus Taubenpaar,
Ja der eitle Pfau sogar,
Ich schwöre, sie kämen,
Wenn sie den Ton von weitem nur vernähmen.

Denn so hat sie aus des Waldes Nacht
Einen Bären, ungeleckt und ungezogen,
Unter ihren Beschluß herein betrogen,
Unter die zahme Compagnie gebracht,
Und mit den andern zahm gemacht:
Bis auf einen gewissen Punkt versteht sich!
Wie schön und ach! wie gut
Schien sie zu sein! Ich hätte mein Blut
Gegeben, um ihre Blumen zu begießen.

»Ihr sagtet *ich*! Wie? Wer?«
Gut denn, ihr Herrn, g'rad' aus: *Ich* bin der Bär!
In einem Filetschurz gefangen,
An einem Seidenfaden ihr zu Füßen.
Doch wie das alles zugegangen,
Erzähl' ich euch zur andern Zeit;
Dazu bin ich zu wütig heut.

Denn ha! steh' ich so an der Ecke,
Und hör' von weitem das Geschnatter,
Seh' das Geflitter das Geflatter,
Kehr' ich mich um
Und brumm',

Und renne rückwärts eine Strecke,
Und seh' mich um
Und brumm',
Und laufe wieder eine Strecke,
Und kehr' doch endlich wieder um.

Dann fängt's auf Einmal an zu rasen,
Ein mächt'ger Geist schnaubt aus der Nasen,
Es wildst die innere Natur.
Was, du ein Tor, Ein Häschen nur!
So ein Pipi! Eichhörnchen, Nuß zu knacken!
Ich sträube meinen borst'gen Nacken,
Zu dienen ungewöhnt.
Ein jedes aufgestutztes Bäumchen höhnt
Mich an! ich flieh' vom Boulingreen,
Vom niedlich glatt gemähten Grase,
Der Buchsbaum zieht mir eine Nase,
Ich flieh' in's dunkelste Gebüsche hin,
Durch's Gehäge zu dringen,
Über die Planken zu springen!
Mir versagt Klettern und Sprung,
Ein Zauber bleit mich nieder;
Ein Zauber häkelt mich wieder,
Ich arbeite mich ab, und bin ich matt genung,
Dann lieg' ich an gekünstelten Kaskaden,
Und kau' und wein' und wälze halb mich tot,
Und ach! es hören meine Not
Nur porzellanene Oreaden.

Auf einmal! Ach es dringt
Ein seliges Gefühl durch alle meine Glieder!
Sie ist's die dort in ihrer Laube singt!
Ich höre die liebe, liebe Stimme wieder,
Die ganze Luft ist warm, ist blütevoll.
Ach! singt sie wohl, daß ich sie hören soll?
Ich dringe zu, tret' alle Sträuche nieder,

Die Büsche fliehn, die Bäume weichen mir,
Und so – zu ihren Füßen liegt das Tier.

Sie sieht es an: »Ein Ungeheuer! doch drollig!
Für einen Bären, zu mild,
Für einen Pudel, zu wild,
So zottig, täpsig, knollig!«
Sie streicht ihm mit dem Füßchen übern Rücken,
Er denkt im Paradiese zu sein.
Wie ihn alle sieben Sinnen jücken!
Und sie, sieht ganz gelassen drein.
Ich küß' ihre Schuhe, kau' an den Sohlen,
So sittig als ein Bär nur mag,
Ganz sachte heb' ich mich, und schmiege mich verstohlen
Leis' an ihr Knie – Am günst'gen Tag
Läßt sie's geschehn, und kraut mir um die Ohren,
Und patscht mich mit mutwillig derben Schlag;
Ich knurr', in Wonne neu geboren;
Dann fordert sie mit süßem, eitlem Spotte:
Allons tout doux! eh la menotte!
Et faites Serviteur,
Comme un joli Seigneur.
So treibt sie's fort mit Spiel und Lachen;
Es hofft der oft betrogne Tor;
Doch will er sich ein bißchen unnütz machen,
Hält sie ihn kurz als wie zuvor.

Doch hat sie auch ein Fläschchen Balsam-Feuers,
Dem keiner Erde Honig gleicht,
Wovon sie wohl einmal, von Lieb' und Treu erweicht,
Um die verlechzten Lippen ihres Ungeheuers
Ein Tröpfchen mit der Fingerspitze streicht,
Und wieder flieht und mich mir überläßt,
Und ich dann, losgebunden, fest
Gebannt bin, immer nach ihr ziehe,
Sie suche, schaudre, wieder fliehe –
So läßt sie den zerstörten Armen gehn,

Ist seiner Lust, ist seinen Schmerzen still;
Ha! manchmal läßt sie mir die Tür halb offen stehn,
Seitblickt mich spottend an, ob ich nicht fliehen will.

Und ich! – Götter ist's in euern Händen,
Dieses dumpfe Zauberwerk zu enden;
Wie dank' ich, wenn ihr mir die Freiheit schafft!
Doch sendet ihr mir keine Hülfe nieder –
Nicht ganz umsonst reck' ich so meine Glieder,
Ich fühl's! Ich schwör's! Noch hab' ich Kraft.

Auf dem See

Und frische Nahrung, neues Blut
Saug' ich aus freier Welt;
Wie ist Natur so hold und gut,
Die mich am Busen hält!
Die Welle wieget unsern Kahn
Im Rudertakt hinauf,
Und Berge, wolkig himmelan,
Begegnen unserm Lauf.

Aug', mein Aug', was sinkst du nieder?
Goldne Träume kommt ihr wieder?
Weg, du Traum! so Gold du bist;
Hier auch Lieb' und Leben ist.

Auf der Welle blinken
Tausend schwebende Sterne,
Weiche Nebel trinken
Rings die türmende Ferne;
Morgenwind umflügelt
Die beschattete Bucht,
Und im See bespiegelt
Sich die reifende Frucht.

Im Herbst 1775

Fetter grüne du Laub
Das Rebengeländer
Hier mein Fenster herauf
Gedrängter quillet
Zwillingsbeeren, und reifet
Schneller und glänzend voller
Euch brütet der Mutter Sonne
Scheideblick, euch umsäuselt
Des holden Himmels
Fruchtende Fülle.
Euch kühlet des Monds
Freundlicher Zauberhauch
Und euch betauen, Ach!
Aus diesen Augen
Der ewig belebenden Liebe
Vollschwellende Tränen.

Jägers Abendlied

Im Felde schleich' ich still und wild,
Gespannt mein Feuerrohr,
Da schwebt so licht dein liebes Bild,
Dein süßes Bild mir vor.

Du wandelst jetzt wohl still und mild
Durch's Feld und liebe Tal,
Und ach mein schnell verrauschend Bild,
Stellt sich dir's nicht einmal?

Des Menschen, der die Welt durchstreift
Voll Unmut und Verdruß,
Nach Osten und nach Westen schweift,
Weil er dich lassen muß.

Mir ist es, denk' ich nur an dich,
Als in den Mond zu sehn,
Ein stiller Friede kommt auf mich,
Weiß nicht wie mir geschehn.

Lida

Rastlose Liebe

Dem Schnee, dem Regen,
Dem Wind entgegen,
Im Dampf der Klüfte,
Durch Nebeldüfte,
Immer zu! Immer zu!
Ohne Rast und Ruh!

Lieber durch Leiden
Möcht' ich mich schlagen,
Als so viel Freuden
Des Lebens ertragen.
Alle das Neigen
Von Herzen zu Herzen,
Ach wie so eigen
Schaffet das Schmerzen!

Wie soll ich fliehen?
Wälderwärts ziehen?
Alles vergebens!
Krone des Lebens,
Glück ohne Ruh,
Liebe, bist du!

Warum gabst du uns die tiefen Blicke
Unsre Zukunft ahndungsvoll zu schaun
Unsrer Liebe, unserm Erdenglücke
Wähnend selig nimmer hinzutraun?
Warum gabst uns Schicksal die Gefühle
Uns einander in das Herz zu sehn,

Um durch all die seltenen Gewühle
Unser wahr Verhältnis auszuspähn.

Ach so viele tausend Menschen kennen
Dumpf sich treibend kaum ihr eigen Herz,
Schweben zwecklos hin und her und rennen
Hoffnungslos in unversehnem Schmerz,
Jauchzen wieder wenn der schnellen Freuden
Unerwarte Morgenröte tagt.
Nur uns Armen liebevollen beiden
Ist das wechselseitge Glück versagt
Uns zu lieben ohn uns zu verstehen,
In dem Andern sehn was er nie war
Immer frisch auf Traumglück auszugehen
Und zu schwanken auch in Traumgefahr.

Glücklich den ein leerer Traum beschäftigt!
Glücklich dem die Ahndung eitel wär!
Jede Gegenwart und jeder Blick bekräftigt
Traum und Ahndung leider uns noch mehr.
Sag was will das Schicksal uns bereiten?
Sag wie band es uns so rein genau?
Ach du warst in abgelebten Zeiten
Meine Schwester oder meine Frau.

Kanntest jeden Zug in meinem Wesen,
Spähtest wie die reinste Nerve klingt,
Konntest mich mit Einem Blicke lesen
Den so schwer ein sterblich Aug durchdringt.
Tropftest Mäßigung dem heißen Blute,
Richtetest den wilden irren Lauf,
Und in deinen Engelsarmen ruhte
Die zerstörte Brust sich wieder auf,
Hieltest zauberleicht ihn angebunden
Und vergaukeltest ihm manchen Tag.
Welche Seligkeit glich jenen Wonnestunden,
Da er dankbar dir zu Füßen lag.

Fühlt sein Herz an deinem Herzen schwellen,
Fühlte sich in deinem Auge gut,
Alle seine Sinnen sich erhellen
Und beruhigen sein brausend Blut.

Und von allem dem schwebt ein Erinnern
Nur noch um das ungewisse Herz
Fühlt die alte Wahrheit ewig gleich im Innern,
Und der neue Zustand wird ihm Schmerz.
Und wir scheinen uns nur halb beseelet
Dämmernd ist um uns der hellste Tag.
Glücklich daß das Schicksal das uns quälet
Uns doch nicht verändern mag.

Liebebedürfnis

Wer vernimmt mich? Ach! wem soll ich's klagen?
Wer's vernähme, würd' er mich bedauern?
Ach! die Lippe, die so manche Freude
Sonst genossen hat und sonst gegeben,
Ist gespalten und sie schmerzt erbärmlich.
Und sie ist nicht etwa wund geworden,
Weil die Liebste mich zu wild ergriffen,
Hold mich angebissen, daß sie fester
Sich des Freunds versichernd ihn genösse:
Nein, das zarte Lippchen ist gesprungen,
Weil nun über Reif und Frost die Winde
Spitz und scharf und lieblos mir begegnen.

Und nun soll mir Saft der edeln Traube,
Mit dem Saft der Bienen, bei dem Feuer
Meines Herds vereinigt, Lind'rung schaffen.
Ach was will das helfen, mischt die Liebe
Nicht ein Tröpfchen ihres Balsams drunter?

Der Fischer

Das Wasser rauscht', das Wasser schwoll,
Ein Fischer saß daran,
Sah nach dem Angel ruhevoll,
Kühl bis an's Herz hinan:
Und wie er sitzt und wie er lauscht,
Teilt sich die Flut empor,
Aus dem bewegten Wasser rauscht
Ein feuchtes Weib hervor.

Sie sang zu ihm, sie sprach zu ihm:
Was lockst du meine Brut
Mit Menschenwitz und Menschenlist
Hinauf in Todesglut?
Ach wüßtest du, wie's Fischlein ist
So wohlig auf dem Grund,
Du stiegst herunter wie du bist,
Und würdest erst gesund.

Labt sich die liebe Sonne nicht,
Der Mond sich nicht im Meer?
Kehrt wellenatmend ihr Gesicht
Nicht doppelt schöner her?
Lockt dich der tiefe Himmel nicht,
Das feucht verklärte Blau?
Lockt dich dein eigen Angesicht
Nicht her in ew'gen Tau?

Das Wasser rauscht', das Wasser schwoll,
Netzt' ihm den nackten Fuß,
Sein Herz wuchs ihm so sehnsuchtsvoll,
Wie bei der Liebsten Gruß.
Sie sprach zu ihm, sie sang zu ihm;
Da war's um ihn geschehn:
Halb zog sie ihn, halb sank er hin,
Und ward nicht mehr gesehn.

Nachtgedanken

Euch bedaur' ich, unglücksel'ge Sterne,
Die ihr schön seid und so herrlich scheinet,
Dem bedrängten Schiffer gerne leuchtet,
Unbelohnt von Göttern und von Menschen.
Denn ihr liebt nicht, kanntet nie die Liebe!
Unaufhaltsam führen ew'ge Stunden
Eure Reihen durch den weiten Himmel.
Welche Reise habt ihr schon vollendet,
Seit ich weilend in dem Arm der Liebsten
Euer und der Mitternacht vergessen!

Faustine

〈Aus: Claudine von Villa Bella〉

Cupido, loser eigensinniger Knabe!
Du batst mich um Quartier auf einige Stunden.
Wie viele Tag' und Nächte bist du geblieben!
Und bist nun herrisch und Meister im Hause geworden!

Von meinem breiten Lager bin ich vertrieben;
Nun sitz' ich an der Erde, Nächte gequälet;
Dein Mutwill' schüret Flamm' auf Flamme des Herdes,
Verbrennet den Vorrat des Winters und senget mich
Armen.

Du hast mir mein Gerät verstellt und verschoben;
Ich such', und bin wie blind und irre geworden.
Du lärmst so ungeschickt, ich fürchte das Seelchen
Entflieht, um dir zu entfliehn, und räumet die Hütte.

Aus: Erotica Romana
〈Römische Elegien〉

〈I〉

Saget Steine mir an, o sprecht ihr hohen Paläste
Straßen redet ein Wort! Genius rührst du dich nicht?
Ja es ist alles beseelt in deinen heiligen Mauern,
Ewige Roma nur mir schweiget noch alles so still.
O wer flüstert mir zu an welchem Fenster erblick ich
Einst das holde Geschöpf das mich verseng' und
erquick'?

Ahnd' ich die Wege noch nicht durch die ich immer und immer
Zu ihr und von ihr zu gehn wandlend ihr opfre die Zeit.
Noch betracht ich Paläst' und Kirchen, Ruinen und Säulen
Wie ein bedächtiger Mann der eine Reise benutzt.
Doch bald ist es vorbei, dann wird ein einziger Tempel,
Amors Tempel nur sein der den Geweihten empfängt.
Zwar du bist die Welt, o Rom, doch ohne die Liebe
Wäre die Welt nicht die Welt, wäre denn Rom auch nicht Rom.

⟨Ursprünglich II⟩

Mehr als ich ahndete schön das Glück es ist mir geworden
Amor führte mich klug allen Palästen vorbei.
Ihm ist es lange bekannt, auch hab ich es selbst wohl erfahren
Was ein goldnes Gemach hinter Tapeten verbirgt.
Nennet blind ihn und Knaben und ungezogen ich kenne
Kluger Amor dich wohl, nimmer bestechlicher Gott!
Uns verführten sie nicht die majestätschen Façaden,
Nicht der galante Balkon, weder das ernste Cortil.
Eilig ging es vorbei, und niedre zierliche Pforte
Nahm den Führer zugleich, nahm den Verlangenden auf.
Alles verschafft er mir da, hilft alles und alles erhalten
Streuet jeglichen Tag frischere Rosen mir auf.
Hab ich den Himmel nicht hier? – Was gibst du schöne Borghese,
Nipotina was gibst deinem Geliebten du mehr?
Tafel, Gesellschaft und Cors und Spiel und Oper und Bälle
Amorn rauben sie nur oft die gelegenste Zeit.
Ekel bleibt mir Gezier und Putz und hebet am Ende
Sich ein brokatener Rock nicht wie ein wollener auf?
Oder will sie bequem den Freund im Busen verbergen,
Wünscht er von alle dem Schmuck nicht schon behend sie befreit?

Müssen nicht jene Juwelen und Spitzen, Polster und Fischbein
Alle zusammen herab, eh er die Liebliche fühlt?
Näher haben wir das! Schon fällt dein wollenes Kleidchen,
So wie der Freund es gelöst faltig zum Boden hinab.
Eilig trägt er das Kind, in leichter linnener Hülle
Wie es der Amme geziemt, scherzend aufs Lager hinan.
Ohne das seidne Gehäng und ohne gestickte Matratzen
Stehet es, zweien bequem, frei in dem weiten Gemach.
Nehme dann Jupiter mehr von seiner Juno, es lasse
Wohler sich, wenn er es kann irgendein Sterblicher sein.
Uns ergötzen die Freuden des echten nacketen Amors
Und des geschaukelten Betts lieblicher knarrender Ton.

⟨III⟩

Gräme Geliebte dich nicht daß du so schnell dich ergeben
Glaub' es ich denke nicht frech, denke nicht niedrig von dir.
Tausendfach wirken die Pfeile des Amors, flößen die einen
Schleichenden Gift in die Brust, kranket auf Jahre das Herz;
O so gibt es die rechten unabgenutzten sie zünden
Über den Scheitel hinauf, nieder zur Ferse den Brand
In der heroischen Zeit da Götter und Göttinnen liebten,
Folgte Begierde dem Blick, folgte Genuß der Begier.
Glaubst du es habe sich lange die Göttin der Liebe besonnen,
Als im Idaeischen Wald einst ihr Anchises gefiel?
Hätte Luna gesäumt den schönen Schläfer zu küssen
O so hätt ihn geschwind neidisch Aurora geweckt.
Hero sah Leandern beim lauten Fest und behende
Stürzte der Liebende sich heiß in die nächtliche Flut.
Eine Königstochter die reife Jungfrau sie wandelt
Stillen Pfades zum Brunn dorten belauscht sie der Gott.
So erzeugte sich Mars zwei Söhne! – die Zwillinge tränket
Eine Wölfin und Rom nennt sich die Fürstin der Welt.

⟨IV⟩

Fraget nun wen ihr auch wollt mich werdet ihr nimmer erreichen
Schöne Damen und ihr Herren der feineren Welt!
Ob denn auch Werther gelebt? ob denn auch alles fein wahr sei?
Welche Stadt sich mit Recht Lottens der Einzigen rühmt?
Ach wie hab ich so oft die törigten Blätter vewünschet,
Die mein jugendlich Leid unter die Menschen gebracht.
Wäre Werther mein Bruder gewesen, ich hätt ihn erschlagen,
Kaum verfolgte mich so rächend sein trauriger Geist.
So verfolgte das Liedchen Malbrough den reisenden Briten
Erst von Paris nach Livorn, dann von Livorno nach Rom
Weiter nach Napel hinunter und wär er nach Madras gesegelt,
Malbrough empfing ihn auch dort Malbrough im Hafen das Lied.
Glücklich bin ich entflohn sie kennet Werthern und Lotten
Kennet den Namen des Manns der sie sich eignete kaum.
Sie erkennet in ihm den freien rüstigen Fremden
Der in Bergen und Schnee hölzerne Häuser bewohnt.
Teilt die Flammen die sie in seinem Busen entzündet
Freut sich daß er das Gold nicht wie der Römer bedenkt,
Besser ist ihr Tisch bestellt, es fehlet an Kleidern
Fehlet am Wagen ihr nicht der nach der Oper sie bringt.
Mutter und Tochter erfreun sich ihres nordischen Gastes,
Und der Barbare beherrscht römischen Busen und Leib.

⟨V⟩

Fromm sind wir Liebende, still verehren wir alle Dämonen
  Wünschen uns jeglichen Gott, jegliche Göttin zum Freund.
Und so gleichen wir euch o römische Sieger! den Göttern
  Aller Völker der Welt bietet ihr Wohnungen an.
Habe sie schwarz und streng aus altem Granit der Ägypter
  Oder ein Grieche sie weiß reizend aus Marmor geformt.
Doch verdrießet es nicht die Ewigen wenn wir besonders
  Weihrauch köstlicher Art einer der Göttlichen streun.
Ja wir bekennen euch gern es bleiben unsre Gebete,
  Unser täglicher Dienst Einer besonders geweiht.
Schalkhaft, munter und ernst begehen wir heimliche Feste
  Und das Schweigen geziemt allen Geweihten genau.
Eher lockten wir selbst die Erynnen durch gräßliche Taten
  An die Fersen uns her wagten es eher des Zeus
Hartes Gericht an rollenden Rädern und Felsen zu dulden,
  Als dem reizenden Dienst unser Gemüt zu entziehn
Diese Göttin sie heißt Gelegenheit! lernet sie kennen,
  Sie erscheinet euch oft immer in andrer Gestalt.
Eine Tochter des Proteus möchte sie sein mit Thetis gezeuget,
  Deren verwandelte List manchen Heroen betrog.
So betrügt nun die Tochter den Unerfahrnen, den Blöden,
  Schlummernde necket sie lang wachende fliegt sie vorbei.
Gern ergibt sie sich nur dem raschen tätigen Manne
  Dieser findet sie zahm, spielend und zärtlich und hold.
Einst erschien sie auch mir, ein bräunliches Mädchen, die Haare
  Fielen dunkel und reich über die Stirne herab.
Kurze Locken ringelten sich ums zierliche Hälschen
  Ungeflochten und kurz krauste der Nacken das Haar.
Und ich verkannte sie nicht, ergriff die Eilende, lieblich
  Gab sie Umarmung und Kuß bald mir gelehrig zurück.

O wie war ich beglückt – Doch stille die Zeit ist vorüber
Blonde Flechten ihr habt römische Ketten mich nun.

⟨VI⟩

Froh empfind' ich mich nun auf klassischem Boden begeistert.
Lauter und reizender spricht Vorwelt und Mitwelt zu mir.
Ich befolge den Rat durchblättre die Werke der Alten
Mit geschäftiger Hand täglich mit neuem Genuß.
Aber ich habe des Nachts die Hände gerne wo anders
Werd ich auch halb nur gelehrt, bin ich doch doppelt vergnügt.
Und belehr ich mich nicht, wenn ich des lieblichen Busens
Formen spähe, die Hand leite die Hüften hinab.
Dann versteh ich erst recht den Marmor, ich denk und vergleiche,
Sehe mit fühlendem Aug, fühle mit sehender Hand.
Raubet die Liebste denn gleich mir einige Stunden des Tages,
Gibt sie Stunden der Nacht mir zur Entschädigung hin
Wird doch nicht immer geküßt es wird vernünftig gesprochen
Schlummert mein Schätzchen erst ein lieg ich und denke mir viel.
Oftmals hab ich auch schon in ihren Armen gedichtet
Und des Hexameters Maß leise mit fingernder Hand
Ihr auf den Rücken gezählt, es schlummert das liebliche Mädchen
Und es durchglühet ihr Hauch mir bis ins tiefste die Brust.
Amor schüret indes die Lampe und denket der Zeiten
Da er den nämlichen Dienst seinen Triumvirn getan.

Aus: Epigramme. Venedig 1790

Noch ist Italien, wie ichs verließ, noch stäuben die Wege
  Noch ist der Fremde geprellt, stell er sich wie er auch will;
Deutsche Rechtlichkeit suchst du in allen Winkeln vergebens,
  Leben und Weben ist hier, aber nicht Ordnung und Zucht;
Jeder sorgt nur für sich, ist eitel, mißtrauet dem andern,
  Und die Meister des Staats sorgen nur wieder für sich.
Schön ist das Land, doch ach! Faustinen find ich nicht wieder,
  Das ist Italien nicht mehr, das ich mit Schmerzen verließ.

–

Schläfst du noch immer? Nur still und laß mich ruhen; erwach ich,
Nun was soll ich denn hier? Breit ist das Bette, doch leer,
  Überall ist Sardinien, wo man allein schläft; und Tibur
Überall ist es, Freund, wo dich die Liebliche weckt.

–

Welch ein Mädchen ich wünsche zu haben? ihr fragt mich? ich hab sie,
  Wie ich sie wünsche, das heißt, dünkt mich, mit wenigem viel.
An dem Meere ging ich, und suchte mir Muscheln, in einer
  Fand ich ein Perlchen, es bleibt nun mir am Herzen verwahrt.

–

Arm und kleiderlos war sie als ich das Mädchen geworben,
  Damals gefiel sie mir nackt, wie sie mir jetzt noch gefällt.

–

Oftmals hab ich geirrt, und habe mich wieder gefunden,
    Aber glücklicher nie, nun ist dies Mädchen mein Glück!
Ist auch das ein Irrtum, so schont mich, ihr klügeren
Götter,
    Und benehmt ihn mir erst drüben am kalten Gestad.

⟨Aus dem Nachlaß:⟩

Ich empfehle mich euch! Seid wacker, sagst du und
reichest
    Mir das Tellerchen dar, lächelst und dankest gar schön.
Ach empfohlen bist du genug und wärst du nur älter
    Wacker wollten wir sein, wach bis zum Krähen des
Hahns.

–

Zürnet nicht ihr Frauen daß wir das Mädchen bewundern:
    Ihr genießet des Nachts was sie am Abend erregt.

–

Was ich am meisten besorge: Bettina wird immer
geschickter,
    Immer beweglicher wird jegliches Gliedchen an ihr;
Endlich bringt sie das Züngelchen noch ins zierliche F...
    Spielt mit dem artigen Selbst, achtet die Männer nicht
viel.

–

Café wollen wir trinken mein Fremder! – da meint sie
branlieren;
    Hab ich doch, Freunde, mit Recht immer den Café
gehaßt.

–

Seid ihr ein Fremder, mein Herr? bewohnt ihr Venedig? so
fragten
    Zwei Lazerten die mich in die Spelunke gelockt.
Ratet! – Ihr seid ein Franzos! ein Napolitaner! Sie
schwatzten
    Hin und wieder und schnell schlürften sie Kaffee hinein.
Tun wir etwas! Sagte die Schönste, sie setzte die Tasse

Nieder, ich fühlte sogleich ihre geschäftige Hand.
Sacht ergriff ich und hielte sie fest; da streckte die zweite
Zierliche Fingerchen aus und ich verwehrt es auch ihr.
Ach! es ist ein Fremder! so riefen sie beide; sie scherzten
Baten Geschenke sich aus, die ich doch sparsam verlieh.
Drauf bezeichneten sie mir die entferntere Wohnung
Und zu dem wärmeren Spiel spätere Stunden der Nacht.
Kannten diese Geschöpfe sogleich den Fremden am Weigern,
O so wißt ihr warum blaß der Venetier schleicht.

–

Gib mir statt »Der Sch…« ein ander Wort o Priapus
Denn ich Deutscher ich bin übel als Dichter geplagt.
Griechisch nennt ich dich φαλλος, das klänge doch prächtig den Ohren,
Und lateinisch ist auch Mentula leidlich ein Wort.
Mentula käme von Mens, der Sch… ist etwas von hinten,
Und nach hinten war mir niemals ein froher Genuß.

–

Knaben liebt ich wohl auch, doch lieber sind mir die Mädchen,
Hab ich als Mädchen sie satt, dient sie als Knabe mir noch.

–

Lange sucht ich ein Weib mir, ich suchte, da fand ich nur Dirnen,
Endlich erhascht ich dich mir Dirnchen, da fand ich ein Weib.

–

In dem engsten der Gäßchen es drängte sich kaum durch die Mauern
Saß mir ein Mädchen im Weg als ich Venedig durchlief.
Sie war reizend, der Ort, ich ließ mich Fremder verführen
Ach ein weiter Canal tat sich dem Forschenden auf.
Hättest du Mädchen wie deine Canäle Venedig und F+
Wie die Gäßchen in dir, wärst du die herrlichste Stadt.

Nähe

Wie du mir oft, geliebtes Kind,
Ich weiß nicht wie, so fremde bist,
Wenn wir im Schwarm der vielen Menschen sind,
Das schlägt mir alle Freude nieder.
Doch ja, wenn alles still und finster um uns ist,
Erkenn' ich dich an deinen Küssen wieder.

Frech und froh

Liebesqual verschmäht mein Herz,
Sanften Jammer, süßen Schmerz;
Nur vom Tücht'gen will ich wissen,
Heißem Äuglen, derben Küssen.
Sei ein armer Hund erfrischt
Von der Lust, mit Pein gemischt!
Mädchen gib der frischen Brust
Nichts von Pein, und alle Lust.

Philine

Singet nicht in Trauertönen
Von der Einsamkeit der Nacht,
Nein, sie ist, o holde Schönen,
Zur Geselligkeit gemacht.

Wie das Weib dem Mann gegeben
Als die schönste Hälfte war,
Ist die Nacht das halbe Leben,
Und die schönste Hälfte zwar.

Könnt ihr euch des Tages freuen,
Der nur Freuden unterbricht?
Er ist gut, sich zu zerstreuen;
Zu was anderm taugt er nicht.

Aber wenn in nächt'ger Stunde
Süßer Lampe Dämmrung fließt,
Und vom Mund zum nahen Munde
Scherz und Liebe sich ergießt.

Wenn der rasche lose Knabe,
Der sonst wild und feurig eilt,
Oft, bei einer kleinen Gabe,
Unter leichten Spielen weilt.

Wenn die Nachtigall Verliebten
Liebevoll ein Liedchen singt,
Das Gefangnen und Betrübten
Nur wie Ach und Wehe klingt;

Mit wie leichtem Herzensregen
Horchet ihr der Glocke nicht,
Die mit zwölf bedächt'gen Schlägen
Ruh und Sicherheit verspricht!

Darum an dem langen Tage
Merke dir es, liebe Brust:
Jeder Tag hat seine Plage
Und die Nacht hat ihre Lust.

Der Besuch

Meine Liebste wollt ich heut beschleichen,
Aber ihre Türe war verschlossen.
Hab ich doch den Schlüssel in der Tasche!
Öffn' ich leise die geliebte Türe!

Auf dem Saale fand ich nicht das Mädchen,
Fand das Mädchen nicht in ihrer Stube,
Endlich da ich leis die Kammer öffne,
Find ich sie, gar zierlich eingeschlafen,
Angekleidet auf dem Bette liegen.

Bei der Arbeit war sie eingeschlafen,
Das Gestrickte mit den Nadeln ruhte
Zwischen den gefaltnen zarten Händen.
Und ich setzte mich an ihre Seite,
Ging bei mir zu Rat', ob ich sie weckte?

Da betrachtet' ich den schönen Frieden,
Der auf ihren Augenlidern ruhte;
Auf den Lippen war die stille Treue,
Auf den Wangen Lieblichkeit zu Hause,
Und die Unschuld eines guten Herzens
Regte sich im Busen hin und wieder.
Jedes ihrer Glieder lag gefällig,
Aufgelöst von süßem Götterbalsam.

Freudig saß ich da, und die Betrachtung
Hielte die Begierde sie zu wecken
Mit geheimen Banden fest und fester.

O du Liebe, dacht ich, kann der Schlummer,
Der Verräter jedes falschen Zuges,
Kann er dir nicht schaden, nichts entdecken,
Was des Freundes zarte Meinung störte?

Deine holden Augen sind geschlossen,
Die mich offen schon allein bezaubern;
Es bewegen deine süßen Lippen
Weder sich zur Rede noch zum Kusse;
Aufgelöst sind diese Zauberbande
Deiner Arme, die mich sonst umschlingen,
Und die Hand, die reizende Gefährtin

Süßer Schmeicheleien, unbeweglich.
Wärs ein Irrtum, wie ich von dir denke,
Wär es Selbstbetrug, wie ich dich liebe,
Müßt' ichs itzt entdecken, da sich Amor
Ohne Binde neben mich gestellet.

Lange saß ich so, und freute herzlich
Ihres Wertes mich und meiner Liebe,
Schlafend hatte sie mir so gefallen,
Daß ich mich nicht traute sie zu wecken.

Leise leg' ich ihr zwei Pomeranzen
Und zwei Rosen auf das Tischgen nieder,
Sachte, sachte schleich' ich meiner Wege.

Öffnet sie die Augen, meine Gute,
Gleich erblickt sie diese bunte Gabe,
Staunt, wie immer bei verschloßnen Türen
Dieses freundliche Geschenk sich finde.

Seh ich diese Nacht den Engel wieder,
O! wie freut sie sich, vergilt mir doppelt
Dieses Opfer meiner zarten Liebe.

Morgenklagen

O du loses, leidigliebes Mädchen,
Sag mir an, womit hab' ich's verschuldet,
Daß du mich auf diese Folter spannest,
Daß du dein gegeben Wort gebrochen?

Drucktest doch so freundlich gestern Abend
Mir die Hände, lispeltest so lieblich:
Ja, ich komme, komme gegen Morgen
Ganz gewiß, mein Freund, auf deine Stube.

Angelehnet ließ ich meine Türe,
Hatte wohl die Angeln erst geprüfet,
Und mich recht gefreut, daß sie nicht knarrten.

Welche Nacht des Wartens ist vergangen!
Wacht' ich doch und zählte jedes Viertel:
Schlief ich ein auf wenig Augenblicke
War mein Herz beständig wach geblieben,
Weckte mich von meinem leisen Schlummer.

Ja, da segnet' ich die Finsternisse,
Die so ruhig alles überdeckten,
Freute mich der allgemeinen Stille,
Horchte lauschend immer in die Stille,
Ob sich nicht ein Laut bewegen möchte.

»Hätte sie Gedanken wie ich denke,
Hätte sie Gefühl wie ich empfinde,
Würde sie den Morgen nicht erwarten,
Würde schon in dieser Stunde kommen.«

Hüpft' ein Kätzchen oben über'n Boden,
Knisterte das Mäuschen in der Ecke,
Regte sich, ich weiß nicht was, im Hause,
Immer hofft' ich deinen Schritt zu hören
Immer glaubt' ich deinen Tritt zu hören.

Und so lag ich lang' und immer länger
Und es fing der Tag schon an zu grauen,
Und es rauschte hier und rauschte dorten.

»Ist es ihre Türe? Wär's die meine!«
Saß ich aufgestemmt in meinem Bette,
Schaute nach der halb erhellten Türe,
Ob sie nicht sich wohl bewegen möchte.
Angelehnet blieben beide Flügel
Auf den leisen Angeln ruhig hangen.

Und der Tag ward immer hell und heller;
Hört' ich schon des Nachbars Türe gehen,
Der das Taglohn zu gewinnen eilet,
Hört' ich bald darauf die Wagen rasseln,
War das Tor der Stadt nun auch eröffnet,
Und es regte sich der ganze Plunder
Des bewegten Marktes durch einander.

Ward nun in dem Haus ein Gehn und Kommen,
Auf und ab die Stiegen, hin und wieder
Knarrten Türen, klapperten die Tritte;
Und ich konnte, wie vom schönen Leben,
Mich noch nicht von meiner Hoffnung scheiden.

Endlich, als die ganz verhaßte Sonne
Meine Fenster traf und meine Wände,
Sprang ich auf, und eilte nach dem Garten,
Meinen heißen, sehnsuchtsvollen Atem
Mit der kühlen Morgenluft zu mischen;
Dir vielleicht im Garten zu begegnen:
Und nun bist du weder in der Laube,
Noch im hohen Lindengang zu finden.

Anliegen

O schönes Mädchen du,
Du mit dem schwarzen Haar,
Die du an's Fenster trittst,
Auf dem Balkone stehst!
Und stehst du wohl umsonst?
O stündest du für mich
Und zögst die Klinke los,
Wie glücklich wär' ich da,
Wie schnell spräng' ich hinauf!

An seine Spröde

Siehst du die Pomeranze?
Noch hängt sie an dem Baume,
Schon ist der März verflossen,
Und neue Blüten kommen.
Ich trete zu dem Baume,
Und sage: Pomeranze,
Du reife Pomeranze,
Du süße Pomeranze,
Ich schüttle, fühl', ich schüttle,
O fall' in meinen Schoß.

Nähe des Geliebten

Ich denke dein, wenn mir der Sonne Schimmer
  Vom Meere strahlt;
Ich denke dein, wenn sich des Mondes Flimmer
  In Quellen malt.

Ich sehe dich, wenn auf dem fernen Wege
  Der Staub sich hebt;
In tiefer Nacht, wenn auf dem schmalen Stege
  Der Wandrer bebt.

Ich höre dich, wenn dort mit dumpfem Rauschen
  Die Welle steigt.
Im stillen Haine geh' ich oft zu lauschen,
  Wenn alles schweigt.

Ich bin bei dir; du seist auch noch so ferne,
  Du bist mir nah!
Die Sonne sinkt; bald leuchten mir die Sterne.
  O, wärst du da!

Der Gott und die Bajadere

Indische Legende

Mahadöh, der Herr der Erde,
Kommt herab zum sechstenmal,
Daß er unsers gleichen werde,
Mit zu fühlen Freud' und Qual.
Er bequemt sich hier zu wohnen,
Läßt sich alles selbst geschehn.
Soll er strafen oder schonen,
Muß er Menschen menschlich sehn.
Und hat er die Stadt sich als Wandrer betrachtet,
Die Großen belauert, auf Kleine geachtet,
Verläßt er sie Abends, um weiter zu gehn.

Als er nun hinausgegangen,
Wo die letzten Häuser sind,
Sieht er, mit gemalten Wangen,
Ein verlornes schönes Kind.
Grüß dich Jungfrau! – Dank der Ehre!
Wart', ich komme gleich hinaus –
Und wer bist du? – Bajadere,
Und dies ist der Liebe Haus.
Sie rührt sich, die Zimbeln zum Tanze zu schlagen;
Sie weiß sich so lieblich im Kreise zu tragen,
Sie neigt sich und biegt sich, und reicht ihm den Strauß.

Schmeichelnd zieht sie ihn zur Schwelle,
Lebhaft ihn ins Haus hinein.
Schöner Fremdling, lampenhelle
Soll sogleich die Hütte sein.
Bist du müd', ich will dich laben,
Lindern deiner Füße Schmerz.
Was du willst, das sollst du haben,
Ruhe, Freuden oder Scherz.

Sie lindert geschäftig geheuchelte Leiden.
Der Göttliche lächelt; er siehet mit Freuden,
Durch tiefes Verderben, ein menschliches Herz.

Und er fordert Sklavendienste;
Immer heitrer wird sie nur,
Und des Mädchens frühe Künste
Werden nach und nach Natur.
Und so stellet auf die Blüte
Bald und bald die Frucht sich ein;
Ist Gehorsam im Gemüte,
Wird nicht fern die Liebe sein.
Aber, sie schärfer und schärfer zu prüfen,
Wählet der Kenner der Höhen und Tiefen
Lust und Entsetzen und grimmige Pein.

Und er küßt die bunten Wangen,
Und sie fühlt der Liebe Qual,
Und das Mädchen steht gefangen,
Und sie weint zum erstenmal;
Sinkt zu seinen Füßen nieder,
Nicht um Wollust noch Gewinst,
Ach! und die gelenken Glieder,
Sie versagen allen Dienst.
Und so zu des Lagers vergnüglicher Feier
Bereiten den dunklen behaglichen Schleier
Die nächtlichen Stunden das schöne Gespinst.

Spät entschlummert, unter Scherzen,
Früh erwacht, nach kurzer Rast,
Findet sie, an ihrem Herzen,
Tot den vielgeliebten Gast.
Schreiend stürzt sie auf ihn nieder;
Aber nicht erweckt sie ihn,
Und man trägt die starren Glieder
Bald zur Flammengrube hin.

Sie höret die Priester, die Totengesänge,
Sie raset und rennet, und teilet die Menge.
Wer bist du? was drängt zu der Grube dich hin?

Bei der Bahre stürzt sie nieder,
Ihr Geschrei durchdringt die Luft:
Meinen Gatten will ich wieder!
Und ich such' ihn in der Gruft.
Soll zu Asche mir zerfallen
Dieser Glieder Götterpracht?
Mein! er war es, mein vor allen!
Ach, nur Eine süße Nacht!
Es singen die Priester: wir tragen die Alten,
Nach langem Ermatten und spätem Erkalten,
Wir tragen die Jugend, noch eh' sie's gedacht.

Höre deiner Priester Lehre:
Dieser war dein Gatte nicht.
Lebst du doch als Bajadere,
Und so hast du keine Pflicht.
Nur dem Körper folgt der Schatten
In das stille Totenreich;
Nur die Gattin folgt dem Gatten:
Das ist Pflicht und Ruhm zugleich.
Ertöne Drommete zu heiliger Klage!
O, nehmet, ihr Götter! die Zierde der Tage,
O, nehmet den Jüngling in Flammen zu euch.

So das Chor, das ohn' Erbarmen
Mehret ihres Herzens Not;
Und mit ausgestreckten Armen
Springt sie in den heißen Tod.
Doch der Götter-Jüngling hebet
Aus der Flamme sich empor,
Und in seinen Armen schwebet
Die Geliebte mit hervor.

Es freut sich die Gottheit der reuigen Sünder;
Unsterbliche heben verlorene Kinder
Mit feurigen Armen zum Himmel empor.

Amyntas

Elegie

Nikias, trefflicher Mann, du Arzt des Leib's und der Seele!
  Krank! ich bin es fürwahr; aber dein Mittel ist hart.
Ach! die Kraft schon schwand mir dahin dem Rate zu folgen,
  Ja, und es scheinet der Freund schon mir ein Gegner zu sein.
Widerlegen kann ich dich nicht, ich sage mir alles,
  Sage das härtere Wort, das du verschweigest, mir auch.
Aber ach! das Wasser entstürzt der Steile des Felsen
  Rasch, und die Welle des Bachs halten Gesänge nicht auf.
Rast nicht unaufhaltsam der Sturm? und wälzet die Sonne.
  Sich von dem Gipfel des Tags, nicht in die Wellen hinab?
Und so spricht mir rings die Natur: auch du bist, Amyntas,
  Unter das strenge Gesetz ehrner Gewalten gebeugt.
Runzle die Stirne nicht tiefer, mein Freund! und höre gefällig,
  Was mich gestern ein Baum, dort an dem Bache gelehrt.
Wenig Äpfel trägt er mir nur, der sonst so beladne,
  Sieh der Efeu ist schuld, der ihn gewaltig umgibt.
Und ich faßte das Messer, das krummgebogene, scharfe,
  Trennte schneidend und riß Ranke nach Ranken herab;
Aber ich schauderte gleich, als, tief erseufzend und kläglich,
  Aus den Wipfeln, zu mir, lispelnde Klage sich goß.

O! verletze mich nicht! den treuen Gartengenossen,
Dem du, als Knabe, so früh, manche Genüsse verdankt.
O! verletze mich nicht! du reißest mit diesem Geflechte,
Das du gewaltig zerstörst, grausam das Leben mir aus.
Hab ich nicht selbst sie genährt und sanft sie herauf mir erzogen?
Ist wie mein eigenes Laub, mir nicht das ihre verwandt?
Soll ich nicht lieben die Pflanze, die, meiner einzig bedürftig,
Still, mit begieriger Kraft, mir um die Seite sich schlingt?
Tausend Ranken wurzelten an, mit tausend und tausend
Fasern, senket sie, fest, mir in das Leben sich ein.
Nahrung nimmt sie von mir; was ich bedürfte genießt sie,
Und so saugt sie das Mark, sauget die Seele mir aus.
Nur vergebens nähr ich mich noch, die gewaltige Wurzel
Sendet lebendigen Saft, ach! nur zur Hälfte hinauf.
Denn der gefährliche Gast, der Geliebte, maßet behende,
Unterweges die Kraft herbstlicher Früchte sich an.
Nichts gelangt zur Krone hinauf, die äußersten Wipfel
Dorren, es dorret der Ast über dem Bache schon hin.
Ja, die Verräterin ist's! sie schmeichelt mir Leben und Güter,
Schmeichelt die strebende Kraft, schmeichelt die Hoffnung mir ab.
Sie nur fühl ich, nur sie, die umschlingende, freue der Fesseln,
Freue des tötenden Schmucks, fremder Umlaubung mich nur.
Halte das Messer zurück! o Nikias! schone den Armen
Der sich in liebender Lust willig gezwungen, verzehrt.
Süß ist jede Verschwendung! o! laß mich der schönsten genießen!
Wer sich der Liebe vertraut hält er sein Leben zu Rat?

Silvie, Minna, Bettine, Caroline…

Schäfers Klagelied

Da droben auf jenem Berge
Da steh' ich tausendmal,
An meinem Stabe gebogen
Und schaue hinab in das Tal.

Dann folg' ich der weidenden Herde,
Mein Hündchen bewahret mir sie.
Ich bin herunter gekommen
Und weiß doch selber nicht wie.

Da stehet von schönen Blumen
Die ganze Wiese so voll.
Ich breche sie, ohne zu wissen,
Wem ich sie geben soll.

Und Regen, Sturm und Gewitter
Verpass' ich unter dem Baum.
Die Türe dort bleibet verschlossen;
Doch alles ist leider ein Traum.

Es stehet ein Regenbogen
Wohl über jenem Haus!
Sie aber ist weggezogen,
Und weit in das Land hinaus.

Hinaus in das Land und weiter,
Vielleicht gar über die See.
Vorüber, ihr Schafe, vorüber!
Dem Schäfer ist gar so weh.

Trost in Tränen

Wie kommt's, daß du so traurig bist,
Da alles froh erscheint?
Man sieht dir's an den Augen an:
Gewiß du hast geweint.

»Und hab' ich einsam auch geweint,
So ist's mein eigner Schmerz,
Und Tränen fließen gar so süß,
Erleichtern mir das Herz.«

Die frohen Freunde laden dich,
O! komm an unsre Brust!
Und was du auch verloren hast,
Vertraue den Verlust.

»Ihr lärmt und rauscht, und ahnet nicht,
Was mich den Armen quält.
Ach nein! Verloren hab' ich's nicht,
So sehr es mir auch fehlt.«

So raffe denn dich eilig auf,
Du bist ein junges Blut.
In deinen Jahren hat man Kraft,
Und zum Erwerben Mut.

»Ach nein! erwerben kann ich's nicht,
Es steht mir gar zu fern.
Es weilt so hoch, es blinkt so schön,
Wie droben jener Stern.«

Die Sterne, die begehrt man nicht,
Man freut sich ihrer Pracht,
Und mit Entzücken blickt man auf
In jeder heitern Nacht.

»Und mit Entzücken blick' ich auf,
So manchen lieben Tag;
Verweinen laßt die Nächte mich.
So lang' ich weinen mag.«

Sonette

Liebe will ich liebend loben,
Jede Form sie kommt von oben.

I
Mächtiges Überraschen

Ein Strom entrauscht umwölktem Felsensaale
Dem Ozean sich eilig zu verbinden;
Was auch sich spiegeln mag von Grund zu Gründen,
Er wandelt unaufhaltsam fort zu Tale.

Dämonisch aber stürzt mit einem Male –
Ihr folgen Berg und Wald in Wirbelwinden –
Sich Oreas, Behagen dort zu finden,
Und hemmt den Lauf, begrenzt die weite Schale.

Die Welle sprüht, und staunt zurück und weichet,
Und schwillt bergan, sich immer selbst zu trinken;
Gehemmt ist nun zum Vater hin das Streben.

Sie schwankt und ruht, zum See zurückgedeichet;
Gestirne, spiegelnd sich, beschaun das Blinken
Des Wellenschlags am Fels, ein neues Leben.

II
Freundliches Begegnen

Im weiten Mantel bis ans Kinn verhüllet
Ging ich den Felsenweg, den schroffen, grauen,
Hernieder dann zu winterhaften Auen,
Unruh'gen Sinns, zur nahen Flucht gewillet.

Auf einmal schien der neue Tag enthüllet:
Ein Mädchen kam, ein Himmel anzuschauen,
So musterhaft wie jene lieben Frauen
Der Dichterwelt. Mein Sehnen war gestillet.

Doch wandt' ich mich hinweg und ließ sie gehen,
Und wickelte mich enger in die Falten,
Als wollt' ich trutzend in mir selbst erwarmen;

Und folgt ihr doch. Sie stand. Da war's geschehen!
In meiner Hülle konnt' ich mich nicht halten,
Die warf ich weg, Sie lag in meinen Armen.

III
Kurz und gut

Sollt' ich mich denn so ganz an Sie gewöhnen?
Das wäre mir zuletzt doch reine Plage.
Darum versuch' ich's gleich am heut'gen Tage,
Und nahe nicht dem vielgewohnten Schönen.

Wie aber mag ich dich mein Herz versöhnen,
Daß ich im wichtgen Fall dich nicht befrage?
Wohlan! Komm her! Wir äußern unsre Klage
In liebevollen, traurig heitren Tönen.

Siehst du, es geht! Des Dichters Wink gewärtig
Melodisch klingt die durchgespielte Leier,
Ein Liebesopfer traulich darzubringen.

Du denkst es kaum und sieh! das Lied ist fertig;
Allein was nun? – Ich dächt' im ersten Feuer
Wir eilten hin, es vor ihr selbst zu singen.

IV
Das Mädchen spricht

Du siehst so ernst, Geliebter! Deinem Bilde
Von Marmor hier möcht' ich dich wohl vergleichen;
Wie dieses gibst du mir kein Lebenszeichen;
Mit dir verglichen zeigt der Stein sich milde.

Der Feind verbirgt sich hinter seinem Schilde,
Der Freund soll offen seine Stirn uns reichen.
Ich suche dich, du suchst mir zu entweichen;
Doch halte Stand, wie dieses Kunstgebilde.

An wen von beiden soll ich nun mich wenden?
Sollt' ich von beiden Kälte leiden müssen?
Da dieser tot und du lebendig heißest.

Kurz! um der Worte mehr nicht zu verschwenden,
So will ich diesen Stein so lange küssen,
Bis eifersüchtig du mich ihm entreißest.

V
Wachstum

Als kleines artges Kind, nach Feld und Auen
Sprangst du mit mir, so manchen Frühlingsmorgen.
»Für solch ein Töchterchen, mit holden Sorgen,
Möcht' ich als Vater segnend Häuser bauen!«

Und als du anfingst in die Welt zu schauen,
War deine Freude häusliches Besorgen.
»Solch eine Schwester! und ich wär' geborgen:
Wie könnt ich ihr, ach! wie sie mir vertrauen!«

Nun kann den schönen Wachstum nichts beschränken;
Ich fühl' im Herzen heißes Liebetoben.
Umfaß' ich sie, die Schmerzen zu beschwichtgen?

Doch ach! nun muß ich dich als Fürstin denken:
Du stehst so schroff vor mir emporgehoben;
Ich beuge mich vor deinem Blick, dem flüchtgen.

VI
Reisezehrung

Entwöhnen sollt' ich mich vom Glanz der Blicke,
Mein Leben sollten sie nicht mehr verschönen.
Was man Geschick nennt, läßt sich nicht versöhnen,
Ich weiß es wohl und trat bestürzt zurücke.

Nun wußt' ich auch von keinem weitern Glücke;
Gleich fing ich an von diesen und von jenen
Notwend'gen Dingen sonst mich zu entwöhnen:
Notwendig schien mir nichts als ihre Blicke.

Des Weines Glut, den Vielgenuß der Speisen,
Bequemlichkeit und Schlaf und sonstge Gaben,
Gesellschaft wies ich weg, daß wenig bliebe.

So kann ich ruhig durch die Welt nun reisen:
Was ich bedarf, ist überall zu haben,
Und Unentbehrlichs bring ich mit – die Liebe.

VII
Abschied

War unersättlich nach viel tausend Küssen,
Und mußt mit Einem Kuß am Ende scheiden,
Nach herber Trennung tiefempfundnem Leiden
War mir das Ufer, dem ich mich entrissen,

Mit Wohnungen, mit Bergen, Hügeln, Flüssen,
So lang' ich's deutlich sah, ein Schatz der Freuden;
Zuletzt im Blauen blieb ein Augenweiden
An fernentwichnen, lichten Finsternissen.

Und endlich, als das Meer den Blick umgrenzte,
Fiel mir zurück in's Herz mein heiß Verlangen;
Ich suchte mein Verlornes gar verdrossen.

Da war es gleich als ob der Himmel glänzte;
Mir schien, als wäre nichts mir, nichts entgangen,
Als hätt' ich alles, was ich je genossen.

VIII
Die Liebende schreibt

Ein Blick von deinen Augen in die meinen,
Ein Kuß von deinem Mund auf meinem Munde,
Wer davon hat, wie ich, gewisse Kunde,
Mag dem was anders wohl erfreulich scheinen?

Entfernt von dir, entfremdet von den Meinen,
Führ' ich stets die Gedanken in die Runde,
Und immer treffen sie auf jene Stunde,
Die einzige; da fang' ich an zu weinen.

Die Träne trocknet wieder unversehens:
Er liebt ja, denk' ich, her in diese Stille,
Und solltest du nicht in die Ferne reichen?

Vernimm das Lispeln dieses Liebewehens;
Mein einzig Glück auf Erden ist dein Wille,
Dein freundlicher zu mir; gib mir ein Zeichen!

IX
Die Liebende abermals

Warum ich wieder zum Papier mich wende?
Das mußt du, Liebster, so bestimmt nicht fragen:
Denn eigentlich hab' ich dir nichts zu sagen:
Doch kommt's zuletzt in deine lieben Hände.

Weil ich nicht kommen kann, soll was ich sende
Mein ungeteiltes Herz hinüber tragen
Mit Wonnen, Hoffnungen, Entzücken, Plagen:
Das alles hat nicht Anfang, hat nicht Ende.

Ich mag vom heut'gen Tag dir nichts vertrauen,
Wie sich im Sinnen, Wünschen, Wähnen, Wollen
Mein treues Herz zu dir hinüber wendet,

So stand ich einst vor dir, dich anzuschauen
Und sagte nichts. Was hätt' ich sagen sollen?
Mein ganzes Wesen war in sich vollendet.

X
Sie kann nicht enden

Wenn ich nun gleich das weiße Blatt dir schickte,
Anstatt daß ich's mit Lettern erst beschreibe,
Ausfülltest du's vielleicht zum Zeitvertreibe
Und sendetest's an mich, die Hochbeglückte.

Wenn ich den blauen Umschlag dann erblickte;
Neugierig schnell, wie es geziemt dem Weibe,
Riß' ich ihn auf, daß nichts verborgen bleibe;
Da läs' ich was mich mündlich sonst entzückte.

Lieb Kind! Mein artig Herz! Mein einzig Wesen!
Wie du so freundlich meine Sehnsucht stilltest
Mit süßem Wort und mich so ganz verwöhntest.

Sogar dein Lispeln glaubt' ich auch zu lesen,
Womit du liebend meine Seele fülltest
Und mich auf ewig vor mir selbst verschöntest.

XI
Nemesis

Wenn durch das Volk die grimme Seuche wütet,
Soll man vorsichtig die Gesellschaft lassen.
Auch hab' ich oft mit Zaudern und Verpassen
Vor manchen Influenzen mich gehütet.

Und obgleich Amor öfters mich begütet,
Mocht' ich zuletzt mich nicht mit ihm befassen.
So ging mir's auch mit jenen Lacrimassen,
Als vier- und dreifach reimend sie gebrütet.

Nun aber folgt die Strafe dem Verächter,
Als wenn die Schlangenfackel der Erynnen
Von Berg zu Tal, von Land zu Meer ihn triebe.

Ich höre wohl der Genien Gelächter;
Doch trennet mich von jeglichem Besinnen
Sonettenwut und Raserei der Liebe.

XII
Christgeschenk

Mein süßes Liebchen! Hier in Schachtelwänden
Gar mannigfalt geformte Süßigkeiten.
Die Früchte sind es heil'ger Weihnachtszeiten,
Gebackne nur, den Kindern auszuspenden!

Dir möcht' ich dann mit süßem Redewenden
Poetisch Zuckerbrot zum Fest bereiten;
Allein was soll's mit solchen Eitelkeiten?
Weg den Versuch, mit Schmeichelei zu blenden!

Doch gibt es noch ein Süßes, das vom Innern
Zum Innern spricht, genießbar in der Ferne,
Das kann nur bis zu dir hinüber wehen.

Und fühlst du dann ein freundliches Erinnern,
Als blinkten froh dir wohlbekannte Sterne,
Wirst du die kleinste Gabe nicht verschmähen.

XIII
Warnung

Am jüngsten Tag, wenn die Posaunen schallen
Und alles aus ist mit dem Erdeleben,
Sind wir verpflichtet Rechenschaft zu geben
Von jedem Wort, das unnütz uns entfallen.

Wie wirds nun werden mit den Worten allen,
In welchen ich so liebevoll mein Streben
Um deine Gunst dir an den Tag gegeben,
Wenn diese bloß an deinem Ohr verhallen?

Darum bedenk, o Liebchen! dein Gewissen,
Bedenk im Ernst wie lange du gezaudert,
Daß nicht der Welt solch Leiden widerfahre.

Werd' ich berechnen und entschuld'gen müssen,
Was alles unnütz ich vor dir geplaudert;
So wird der jüngste Tag zum vollen Jahre.

XIV

Die Zweifelnden
Ihr liebt, und schreibt Sonette! Weh der Grille!
Die Kraft des Herzens, sich zu offenbaren,
Soll Reime suchen, sie zusammenpaaren;
Ihr Kinder, glaubt, ohnmächtig bleibt der Wille.

Ganz ungebunden spricht des Herzens Fülle
Sich kaum noch aus: sie mag sich gern bewahren;
Dann, Stürmen gleich, durch alle Saiten fahren;
Dann wieder senken sich zu Nacht und Stille.

Was quält ihr euch und uns, auf jähem Stege
Nur Schritt vor Schritt den läst'gen Stein zu wälzen,
Der rückwärts lastet, immer neu zu mühen?

Die Liebenden
Im Gegenteil, wir sind auf rechtem Wege!
Das Allerstarrste freudig aufzuschmelzen
Muß Liebesfeuer allgewaltig glühen.

XV

Mädchen
Ich zweifle doch am Ernst verschränkter Zeilen!
Zwar lausch' ich gern bei deinen Sylbespielen;
Allein mir scheint, was Herzen redlich fühlen,
Mein süßer Freund, das soll man nicht befeilen.

Der Dichter pflegt, um nicht zu langeweilen,
Sein Innerstes von Grund aus umzuwühlen;
Doch seine Wunden weiß er auszukühlen,
Mit Zauberwort die tiefsten auszuheilen.

Dichter
Schau, Liebchen, hin! Wie geht's dem Feuerwerker?
Drauf ausgelernt, wie man nach Maßen wettert,
Irrgänglich-klug miniert er seine Grüfte;

Allein die Macht des Elements ist stärker,
Und eh' er sich's versieht, geht er zerschmettert
Mit allen seinen Künsten in die Lüfte.

Das Tagebuch
1810

– aliam tenui, sed iam quum gaudia adirem,
Admonuit dominae deseruitque Venus.

I

Wir hören's oft und glauben's wohl am Ende
Das Menschenherz sei ewig unergründlich
Und wie man auch sich hin und wieder wende
So sei der Christe wie der Heide sündlich.
Das Beste bleibt, wir geben uns die Hände
Und nehmen's mit der Lehre nicht empfindlich:
Denn zeigt sich auch ein Dämon uns versuchend,
So waltet was, gerettet ist die Tugend.

II

Von meiner Trauten lange Zeit entfernet,
Wie's öfters geht, nach irdischem Gewinne
Und was ich auch gewonnen und gelernet,
So hatt ich doch nur immer Sie im Sinne,
Und wie zu Nacht der Himmel erst sich sternet
Erinn'rung uns umleuchtet ferner Minne:
So ward im Federzug des Tags Ereignis
Mit süßen Worten Ihr ein freundlich Gleichnis.

III

Ich eilte nun zurück. Zerbrochen sollte
Mein Wagen mich noch eine Nacht verspäten
Schon dacht' ich mich wie ich zu Hause rollte;
Allein da war Geduld und Werk von nöten
Und wie ich auch mit Schmied und Wagner tollte
Sie hämmerten verschmähten viel zu reden
Ein jedes Handwerk hat nun seine Schnurren.
Was blieb mir nun zu weilen und zu murren.

IV

So stand ich nun! Der Stern des nächsten Schildes
Berief mich hin, die Wohnung schien erträglich
Ein Mädchen kam, des seltensten Gebildes,
Das Licht erleuchtend. Mir ward gleich behäglich.
Hausflur und Treppe sah' ich als ein Mildes,
Die Zimmerchen erfreuten mich unsäglich.
Den sündigen Menschen der im Freien schwebet
Die Schönheit spinnt, sie ist's die ihn umwebet.

V

Nun setzt' ich mich zu meiner Tasch' und Briefen
Und meines Tagebuchs Genauigkeiten,
Um so wie sonst, wenn alle Menschen schliefen,
Mir und der Trauten Freude zu bereiten;
Doch weiß ich nicht, die Tintenworte liefen
Nicht so wie sonst in alle Kleinigkeiten:
Das Mädchen kam, des Abendessens Bürde
Verteilte sie gewandt mit Gruß und Würde.

VI

Sie geht und kommt; ich spreche, sie erwidert.
Mit jedem Wort erscheint sie mir geschmückter.
Und wie sie leicht mir nun das Huhn zergliedert
Bewegend Hand und Arm, geschickt, geschickter.
Was auch das tolle Zeug in uns befiedert,
Genug ich bin verworr'ner bin verrückter,
Den Stuhl umwerfend spring' ich auf und fasse
Das schöne Kind; sie lispelt: Lasse, lasse!

VII

Die Muhme drunten lauscht, ein alter Drache,
Sie zählt bedächtig des Geschäfts Minute;
Sie denkt sich unten, was ich oben mache,
Bei jedem Zögern schwenkt sie frisch die Rute.
Doch schließe deine Türe nicht und wache
So kommt die Mitternacht uns wohl zu Gute.

Rasch meinem Arm entwindet sie die Glieder,
Und eilet fort und kommt nur dienend wieder;

VIII
Doch blickend auch! so daß aus jedem Blicke
Sich himmlisches Versprechen mir entfaltet.
Den stillen Seufzer drängt sie nicht zurücke,
Der ihren Busen herrlicher gestaltet.
Ich sehe, daß am Ohr, um Hals und G'nicke
Der flüchtigen Röte Liebesblüte waltet,
Und da sie nichts zu leisten weiter findet,
Geht sie und zögert, sieht sich um, verschwindet.

IX
Der Mitternacht gehören Haus und Straßen,
Mir ist ein weites Lager aufbereitet,
Wovon den kleinsten Teil mir anzumaßen
Die Liebe rät, die alles wohl bereitet.
Ich zaudre noch die Kerzen auszublasen
Nun hör' ich sie, wie leise sie auch gleitet,
Mit gierigem Blick die Hochgestalt umschweif' ich
Sie legt sich bei, die Wohlgestalt ergreif' ich.

X
Sie macht sich los: Vergönne daß ich rede
Damit ich dir nicht völlig fremd gehöre.
Der Schein ist wider mich, sonst war ich blöde
Stets gegen Männer setzt' ich mich zur Wehre
Mich nennt die Stadt, mich nennt die Gegend spröde;
Nun aber weiß ich, wie das Herz sich kehre:
Du bist mein Sieger, laß Dich's nicht verdrießen,
Ich sah, ich liebte, schwur dich zu genießen.

XI
Du hast mich rein, und wenn ich's besser wüßte
So gäb' ich's Dir; ich tue was ich sage.

So schließt sie mich an ihre süßen Brüste
Als ob ihr nur an meiner Brust behage.
Und wie ich Mund und Aug' und Stirne küßte
So war ich doch in wunderbarer Lage:
Denn der so hitzig sonst den Meister spielet
Weicht schülerhaft zurück und abgekühlet.

XII

Ihr scheint ein süßes Wort, ein Kuß zu g'nügen,
Als wär' es alles was ihr Herz begehrte
Wie keusch sie mir, mit liebevollem Fügen,
Des süßen Körpers Fülleform gewährte!
Entzückt und froh in allen ihren Zügen
Und ruhig dann, als wenn sie nichts entbehrte.
So ruht' ich auch, gefällig sie beschauend,
Noch auf den Meister hoffend und vertrauend.

XIII

Doch als ich länger mein Geschick bedachte,
Von tausend Flüchen mir die Seele kochte,
Mich selbst verwünschend, grinsend mich belachte
Nichts besser ward, wie ich auch zaudern mochte:
Da lag sie schlafend, schöner als sie wachte;
Die Lichter dämmerten mit langem Dochte.
Der Tages-Arbeit, jugendlicher Mühe
Gesellt sich gern der Schlaf und nie zu frühe.

XIV

So lag sie himmlisch an bequemer Stelle,
Als wenn das Lager ihr allein gehörte,
Und an die Wand gedrückt, gequetscht zur Hölle
Ohnmächtig Jener, dem sie nichts verwehrte.
Vom Schlangenbisse fällt zunächst der Quelle
Ein Wanderer so, den schon der Durst verzehrte.
Sie atmet lieblich holdem Traum entgegen;
Er hält den Atem, sie nicht aufzuregen.

XV

Gefaßt bei dem was ihm noch nie begegnet,
Spricht er zu sich: so mußt du doch erfahren
Warum der Bräutigam sich kreuzt und segnet,
Vor Nestelknüpfen scheu sich zu bewahren.
Weit lieber da wo's Hellebarden regnet
Als hier im Schimpf! So war es nicht vor Jahren,
Als Deine Herrin Dir zum ersten Male
Vor's Auge trat im Prachterhellten Saale.

XVI

Da quoll dein Herz, da quollen deine Sinnen
So daß der ganze Mensch entzückt sich regte.
Zum raschen Tanze trugst du sie von hinnen,
Die kaum der Arm und schon der Busen hegte.
Als wolltest Du Dir selbst sie abgewinnen,
Vervielfacht war was sich für sie bewegte:
Verstand und Witz und alle Lebensgeister
Und rascher als die andern jener Meister.

XVII

So immerfort wuchs Neigung und Begierde
Brautleute wurden wir im frühen Jahre
Sie selbst des Maien schönste Blum' und Zierde
Wie wuchs die Kraft zur Lust im jungen Paare!
Und als ich endlich sie zur Kirche führte:
Gesteh' ich's nur, vor Priester und Altare,
Vor deinem Jammerkreuz blutrünstger Christe,
Verzeih mir's Gott! es regte sich der Iste.

XVIII

Und ihr, der Brautnacht reiche Bettgehänge,
Ihr Pfühle, die ihr euch so breit erstrecktet,
Ihr Teppiche, die Lieb- und Lustgedränge
Mit euren seidnen Fittigen bedecktet
Ihr Käfigvögel, deren Zwitzer Sänge
Zu neuer Lust und nie zu früh uns wecktet

Ihr kanntet uns von eurem Schutz umfriedet
Teilnehmend sie, mich immer unermüdet.

XIX
Und wie wir oft sodann im Raub genossen
Nach Buhlenart des Ehstands heilige Rechte
Von reifer Saat umwogt, vom Rohr umschlossen
An manchem Unort wo ich's mich erfrechte
Wir waren augenblicklich, unverdrossen
Und wiederholt bedient vom braven Knechte!
Verfluchter Knecht, wie unerwecklich liegst Du!
Und deinen Herrn um's schönste Glück betriegst du.

XX
Doch Meister Iste hat nun seine Grillen
Und läßt sich nicht befehlen noch verachten.
Auf einmal ist er da und ganz im Stillen
Erhebt er sich zu allen seinen Prachten.
So steht es nun dem Wandrer ganz zu Willen,
Nicht lechzend mehr am Quell zu übernachten.
Er neigt sich hin, er will die Schläferin küssen,
Allein er stockt, er fühlt sich weggerissen.

XXI
Wer hat zur Kraft ihn wieder aufgestählet?
Als jenes Bild, das ihm auf ewig teuer,
Mit dem er sich in Jugendlust vermählet
Dort leuchtet her ein frisch erquicklich Feuer
Und wie er erst in Ohnmacht sich gequälet;
So wird nun hier dem Starken nicht geheuer,
Er schaudert weg, vorsichtig, leise, leise
Entzieht er sich dem holden Zauberkreise,

XXII
Sitzt, schreibt: Ich nahte mich der heimischen Pforte
Entfernen wollten mich die letzten Stunden,
Da hab' ich nun am sonderbarsten Orte

Mein treues Herz aufs neue dir verbunden.
Zum Schlusse findest du geheime Worte:
Die Krankheit erst bewähret den Gesunden.
Dies Büchlein soll dir manches Gute zeigen,
Das Beste nur, muß ich zuletzt verschweigen.

XXIII
Da kräht der Hahn. Das Mädchen schnell entwindet
Der Decke sich und wirft sich rasch ins Mieder.
Und da sie sich so seltsam wiederfindet,
So stutzt sie, blickt und schlägt die Augen nieder,
Und da sie ihm zum letzten Mal verschwindet
Im Auge bleiben ihm die schönen Glieder;
Das Posthorn tönt, er wirft sich in den Wagen
Und läßt getrost sich zu der Liebsten tragen.

XXIV
Und weil zuletzt bei jeder Dichtungsweise
Moralien uns ernstlich fördern sollen;
So will auch ich in so beliebtem Gleise
Euch gern bekennen was die Verse wollen:
Wir stolpern wohl auf unsrer Lebensreise,
Und doch vermögen in der Welt, der tollen,
Zwei Hebel viel auf's irdische Getriebe:
Sehr viel die Pflicht, unendlich mehr die Liebe.

Gegenwart

Alles kündet Dich an!
Erscheinet die herrliche Sonne,
Folgst Du, so hoff' ich es, bald.

Trittst Du im Garten hervor,
So bist Du die Rose der Rosen,
Lilie der Lilien zugleich.

Wenn Du im Tanze Dich regst,
So regen sich alle Gestirne
Mit Dir und um Dich umher.

Nacht! und so wär' es denn Nacht!
Nun überscheinst Du des Mondes
Lieblichen, ladenden Glanz.

Ladend und lieblich bist Du,
Und Blumen, Mond und Gestirne
Huldigen, Sonne, nur Dir.

Sonne! so sei Du auch mir
Die Schöpferin herrlicher Tage;
Leben und Ewigkeit ist's.

Suleika

Aus: West-östlicher Divan
Buch der Liebe

Musterbilder

Hör' und bewahre
Sechs Liebespaare.
Wortbild entzündet, Liebe schürt zu:
Rustan und Rodawu.
Unbekannte sind sich nah:
Jussuph und Suleika.
Liebe nicht Liebesgewinn:
Ferhad und Schirin.
Nur für einander da:
Medschnun und Leila.
Liebend im Alter sah
Dschemil auf Boteinah.
Süße Liebeslaune,
Salomo und die Braune!
Hast du sie wohl vermerkt,
Bist im Lieben gestärkt.

Lesebuch

Wunderlichstes Buch der Bücher
Ist das Buch der Liebe;
Aufmerksam hab' ich's gelesen:
Wenig Blätter Freuden,
Ganze Hefte Leiden,
Einen Abschnitt macht die Trennung.

Wiedersehn! ein klein Kapitel
Fragmentarisch. Bände Kummers
Mit Erklärungen verlängert,
Endlos ohne Maß.
O! Nisami! – doch am Ende
Hast den rechten Weg gefunden;
Unauflösliches wer löst es?
Liebende sich wieder findend.

Unvermeidlich

Wer kann gebieten den Vögeln
Still zu sein auf der Flur?
Und wer verbieten zu zappeln
Den Schafen unter der Schur?

Stell' ich mich wohl ungebärdig
Wenn mir die Wolle kraust?
Nein! Die Ungebärden entzwingt mir
Der Scheerer der mich zerzaust.

Wer will mir wehren zu singen
Nach Lust zum Himmel hinan?
Den Wolken zu vertrauen
Wie lieb sie mir's angetan.

Geheimes

Über meines Liebchens Äugeln
Stehn verwundert alle Leute,
Ich, der Wissende, dagegen
Weiß recht gut was das bedeute.

Denn es heißt: Ich liebe diesen,
Und nicht etwa den und jenen,
Lasset nur ihr guten Leute
Euer Wundern, euer Sehnen.

Ja, mit ungeheuren Mächten
Blicket sie wohl in die Runde;
Doch sie sucht nur zu verkünden
Ihm die nächste süße Stunde.

Aus: West-östlicher Divan, Suleika Nameh
Buch Suleika

Ich gedachte in der Nacht
Daß ich den Mond sähe im Schlaf;
Als ich aber erwachte
Ging unvermutet die Sonne auf.

Einladung

Mußt nicht vor dem Tage fliehen:
Denn der Tag den du ereilest
Ist nicht besser als der heut'ge;
Aber wenn du froh verweilest
Wo ich mir die Welt beseit'ge,
Um die Welt an mich zu ziehen;
Bist du gleich mit mir geborgen,
Heut ist heute, morgen morgen,
Und was folgt und was vergangen
Reißt nicht hin und bleibt nicht hangen.
Bleibe du, mein Allerliebstes,
Denn du bringst es und du giebst es.

Daß Suleika von Jussuff entzückt war
Ist keine Kunst,
Er war jung, Jugend hat Gunst,
Er war schön, sie sagen zum Entzücken,
Schön war sie, konnten einander beglücken.
Aber daß du, die so lange mir erharrt war,
Feurige Jugendblicke mir schickst,
Jetzt mich liebst, mich später beglückst,
Das sollen meine Lieder preißen
Sollst mir ewig Suleika heißen.

Da du nun Suleika heißest
Sollt ich auch benamset sein,
Wenn du deinen Geliebten preisest,
Hatem! das soll der Name sein.
Nur daß man mich daran erkennet,
Keine Anmaßung soll es sein.
Wer sich St. Georgenritter nennet
Denkt nicht gleich Sanct Georg zu sein.
Nicht Hatem Thai, nicht der Alles Gebende
Kann ich in meiner Armut sein,
Hatem Zograi nicht, der reichlichst Lebende
Von allen Dichtern, möcht' ich sein.
Aber beide doch im Auge zu haben
Es wird nicht ganz verwerflich sein:
Zu nehmen, zu geben des Glückes Gaben
Wird immer ein groß Vergnügen sein.
Sich liebend an einander zu laben
Wird Paradieses Wonne sein.

Hatem

Nicht Gelegenheit macht Diebe,
Sie ist selbst der größte Dieb,
Denn sie stahl den Rest der Liebe
Die mir noch im Herzen blieb.

Dir hat sie ihn übergeben
Meines Lebens Vollgewinn,
Daß ich nun, verarmt, mein Leben
Nur von dir gewärtig bin.

Doch ich fühle schon Erbarmen
Im Karfunkel deines Blicks
Und erfreu' in deinen Armen
Mich erneuerten Geschicks.

Suleika

Hochbeglückt in deiner Liebe
Schelt ich nicht Gelegenheit,
Ward sie auch an dir zum Diebe
Wie mich solch ein Raub erfreut!

Und wozu denn auch berauben?
Gib dich mir aus freier Wahl,
Gar zu gerne möcht ich glauben –
Ja! ich bin's die dich bestahl.

Was so willig du gegeben
Bringt dir herrlichen Gewinn,
Meine Ruh, mein reiches Leben
Geb' ich freudig, nimm es hin.

Scherze nicht! Nichts von Verarmen!
Macht uns nicht die Liebe reich?
Halt ich dich in meinen Armen,
Jedem Glück ist meines gleich.

Suleika

Als ich auf dem Euphrat schiffte,
Streifte sich der goldne Ring
Fingerab, in Wasserklüfte,
Den ich jüngst von dir empfing.

Also träumt' ich, Morgenröte
Blitzt in's Auge durch den Baum,
Sag Poete, sag Prophete!
Was bedeutet dieser Traum?

Hatem

Dies zu deuten bin erbötig!
Hab' ich dir nicht oft erzählt
Wie der Doge von Venedig
Mit dem Meere sich vermählt.

So von deinen Fingergliedern
Fiel der Ring dem Euphrat zu.
Ach zu tausend Himmelsliedern
Süßer Traum begeisterst du!

Mich, der von den Indostanen
Streifte bis Damascus hin,
Um mit neuen Caravanen
Bis an's rote Meer zu ziehn.

Mich vermählst du deinem Flusse,
Der Terrasse, diesem Hain,
Hier soll bis zum letzten Kusse
Dir mein Geist gewidmet sein.

Kenne wohl der Männer Blicke,
Einer sagt: ich liebe, leide!
Ich begehre, ja verzweifle!
Und was sonst ist kennt ein Mädchen.
Alles das kann mir nicht helfen,
Alles das kann mich nicht rühren;
Aber Hatem! deine Blicke
Geben erst dem Tage Glanz.
Denn sie sagen: *Die* gefällt mir,
Wie mir sonst nichts mag gefallen.
Seh ich Rosen, seh ich Lilien,
Aller Gärten Zier und Ehre,
So Cypressen, Myrten, Veilchen,
Aufgeregt zum Schmuck der Erde.
Und geschmückt ist sie ein Wunder,
Mit Erstaunen uns umfangend,
Uns erquickend, heilend, segnend,
Daß wir uns gesundet fühlen,
Wieder gern erkranken möchten.
Da erblicktest du Suleika
Und gesundetest erkrankend,
Und erkranketest gesundend,
Lächeltest und sahst herüber
Wie du nie der Welt gelächlet.
Und Suleika fühlt des Blickes
Ewge Rede: *Die* gefällt mir
Wie mir sonst nichts mag gefallen.

Gingo Biloba

Dieses Baum's Blatt, der von Osten
Meinem Garten anvertraut,
Gibt geheimen Sinn zu kosten,
Wie's den Wissenden erbaut.

Ist es Ein lebendig Wesen?
Das sich in sich selbst getrennt,
Sind es zwei? die sich erlesen,
Daß man sie als eines kennt.

Solche Frage zu erwidern
Fand ich wohl den rechten Sinn;
Fühlst du nicht an meinen Liedern
Daß ich Eins und doppelt bin?

Suleika

Sag du hast wohl viel gedichtet?
Hin und her dein Lied gerichtet? –
Schöngeschrieben, deine Hand,
Prachtgebunden, goldgerändet,
Bis auf Punkt und Strich vollendet,
Zierlichlockend manchen Band.
Stets wo du sie hingewendet
War's gewiß ein Liebespfand.

Hatem

Ja! von mächtig holden Blicken,
Wie von lächlendem Entzücken
Und von Zähnen blendend klar.
Moschusduftend Lockenschlangen,
Augenwimpern reizumhangen,
Tausendfältige Gefahr!

Denke nun wie von so langem
Prophezeit Suleika war.

Suleika

Die Sonne kommt! Ein Prachterscheinen!
Der Sichelmond umklammert sie.
Wer konnte solch ein Paar vereinen?
Dies Rätsel wie erklärt sich's? Wie?

Hatem
Der Sultan konnt' es, er vermählte
Das allerhöchste Weltenpaar,
Um zu bezeichnen Auserwählte,
Die tapfersten der treuen Schar.

Auch sei's ein Bild von unsrer Wonne!
Schon seh ich wieder mich und dich,
Du nennst mich, Liebchen, deine Sonne,
Komm, süßer Mond, umklammre mich!

Komm Liebchen, komm! umwinde mir die Mütze
Aus deiner Hand nur ist der Tulbend schön.
Hat Abbas doch, auf Irans höchstem Sitze,
Sein Haupt nicht zierlicher umwinden sehn.

Ein Tulbend war das Band, das Alexandern
In Schleifen schön vom Haupte fiel
Und allen Folgeherrschern, jenen Andern,
Als Königszierde wohlgefiel.

Ein Tulbend ist's der unsern Kaiser schmücket,
Sie nennen's Krone. Name geht wohl hin!
Juwel und Perle! sei das Aug' entzücket!
Der schönste Schmuck ist stets der Mousselin.

Und diesen hier, ganz rein und silberstreifig,
Umwinde Liebchen um die Stirn umher.
Was ist denn Hoheit? Mir ist sie geläufig!
Du schaust mich an, ich bin so groß als Er.

Nur wenig ist's was ich verlange,
Weil eben alles mir gefällt,
Und dieses Wenige, wie lange,
Gibt mir gefällig schon die Welt!

Oft sitz' ich heiter in der Schenke
Und heiter im beschränkten Haus;
Allein so bald ich dein gedenke,
Dehnt sich mein Geist erobernd aus.

Dir sollten Timurs Reiche dienen,
Gehorchen sein gebietend Heer,
Badakschan zollte dir Rubinen,
Türkisse das Hyrkanische Meer.

Getrocknet honigsüße Früchte
Von Bochara dem Sonnenland,
Und tausend liebliche Gedichte
Auf Seidenblatt von Samarkand.

Da solltest du mit Freude lesen
Was ich von Ormus dir verschrieb,
Und wie das ganze Handelswesen
Sich nur bewegte dir zu lieb.

Wie in dem Lande der Bramanen
Viel tausend Finger sich bemüht,
Daß alle Pracht der Indostanen
Für dich auf Woll' und Seide blüht.

Ja zu Verherrlichung der Lieben
Gießbäche Soumelpours durchwühlt,
Aus Erde, Grus, Gerill, Geschieben
Dir Diamanten ausgespült.

Wie Taucherschaar verwegner Männer
Der Perle Schatz dem Golf entriß,
Darauf ein Divan scharfer Kenner
Sie dir zu reihen sich befliß.

Wenn nun Bassora noch das Letzte,
Gewürz und Weihrauch beigetan,
Bringt alles was die Welt ergetzte
Die Karavane dir heran.

Doch alle diese Kaisergüter
Verwirrten doch zuletzt den Blick;
Und wahrhaft liebende Gemüter
Eins nur im andern fühlt sein Glück.

Hätt' ich irgend wohl Bedenken
Bochara und Samarkand,
Süßes Liebchen, dir zu schenken?
Dieser Städte Rausch und Tand.

Aber frag einmal den Kaiser,
Ob er dir die Städte giebt?
Er ist herrlicher und weiser;
Doch er weiß nicht wie man liebt.

Herrscher! zu dergleichen Gaben
Nimmermehr bestimmst du dich!
Solch ein Mädchen muß man haben
Und ein Bettler sein wie ich.

Die schön geschriebenen,
Herrlich umgüldeten,
Belächeltest du
Die anmaßlichen Blätter,
Verziehst mein Prahlen

Von deiner Lieb' und meinem
Durch dich glücklichen Gelingen,
Verziehst anmutigem Selbstlob.

Selbstlob! Nur dem Neide stinkt's,
Wohlgeruch Freunden
Und eignem Schmack!

Freude des Daseins ist groß,
Größer die Freud' am Dasein.
Wenn du Suleika
Mich überschwänglich beglückst,
Deine Leidenschaft mir zuwirfst
Als wär's ein Ball,
Daß ich ihn fange,
Dir zurückwerfe
Mein gewidmetes Ich;
Das ist ein Augenblick!
Und dann reißt mich von dir
Bald der Franke, bald der Armenier.

Aber Tage währt's,
Jahre dauert's, daß ich neu erschaffe
Tausendfältig deiner Verschwendungen Fülle
Auftrösle die bunte Schnur meines Glücks,
Geklöpplet tausendfadig
Von dir, o Suleika.

Hier nun dagegen
Dichtrische Perlen,
Die mir deiner Leidenschaft
Gewaltige Brandung
Warf an des Lebens
Verödeten Strand aus.
Mit spitzen Fingern
Zierlich gelesen,
Durchreiht mit juwelenem
Goldschmuck.
Nimm sie an deinen Hals,
An deinen Busen!
Die Regentropfen Allahs,
Gereift in bescheidener Muschel.

Lieb' um Liebe, Stund' um Stunde,
Wort um Wort und Blick um Blick;
Kuß um Kuß, vom treusten Munde,
Hauch um Hauch und Glück um Glück.
So am Abend, so am Morgen!
Doch du fühlst an meinen Liedern
Immer noch geheime Sorgen;
Jussufs Reize möcht' ich borgen
Deine Schönheit zu erwidern.

Suleika

Volk und Knecht und Überwinder
Sie gestehn, zu jeder Zeit,
Höchstes Glück der Erdenkinder
Sei nur die Persönlichkeit.

Jedes Leben sei zu führen,
Wenn man sich nicht selbst vermißt;
Alles könne man verlieren,
Wenn man bliebe was man ist.

Hatem
Kann wohl sein! so wird gemeinet;
Doch ich bin auf andrer Spur,
Alles Erdenglück vereinet
Find' ich in Suleika nur.

Wie sie sich an mich verschwendet,
Bin ich mir ein wertes Ich;
Hätte sie sich weggewendet
Augenblicks verlör ich mich.

Nun, mit Hatem wär's zu Ende;
Doch schon hab' ich umgelost,
Ich verkörpre mich behende
In den Holden den sie kost.

Wollte, wo nicht gar ein Rabbi,
Das will mir so recht nicht ein;
Doch Ferdusi, Motanabbi,
Allenfalls der Kaiser sein.

Hatem

Wie des Goldschmieds Bazarlädchen
Vielgefärbt, geschliffne Lichter,
So umgeben hübsche Mädchen
Den beinah ergrauten Dichter.

Mädchen
Singst du schon Suleika wieder!
Diese können wir nicht leiden,
Nicht um dich – um deine Lieder
Wollen, müssen wir sie neiden.

Denn wenn sie auch garstig wäre
Machtst du sie zum schönsten Wesen,
Und so haben wir von Dschemil
Und Boteinah viel gelesen.

Aber eben weil wir hübsch sind
Möchten wir auch gern gemalt sein,
Und, wenn du es billig machest,
Sollst du auch recht hübsch bezahlt sein.

Hatem
Bräunchen komm! Es wird schon gehen.
Zöpfe, Kämme groß und kleine,
Zieren Köpfchens nette Reine
Wie die Kuppel ziert Moscheen.

Du Blondinchen bist so zierlich,
Aller Weis' und Weg' so nette,
Man gedenkt nicht ungebührlich
Also gleich der Minarette.

Du dahinten hast der Augen
Zweierlei, du kannst die beiden,
Einzeln, nach Belieben brauchen.
Doch ich sollte dich vermeiden.

Leichtgedrückt die Augenlieder
Eines, die den Stern bewhelmen
Deutet auf den Schelm der Schelmen,
Doch das andre schaut so bieder.

Dies, wenn jen's verwundend angelt,
Heilend, nährend wird sich's weisen.
Niemand kann ich glücklich preisen
Der des Doppelblicks ermangelt.

Und so könnt' ich alle loben
Und so könnt' ich alle lieben:
Denn so wie ich euch erhoben
War die Herrin mit beschrieben.

Mädchen
Dichter will so gerne Knecht sein,
Weil die Herrschaft draus entspringet;
Doch vor allem sollt' ihm recht sein,
Wenn das Liebchen selber singet.

Ist sie denn des Liedes mächtig?
Wie's auf unsern Lippen waltet:
Denn es macht sie gar verdächtig
Daß sie im Verborgnen schaltet.

Hatem
Nun wer weiß was sie erfüllet!
Kennt ihr solcher Tiefe Grund?
Selbstgefühltes Lied entquillet,
Selbstgedichtetes dem Mund.

Von euch Dichterinnen allen
Ist ihr eben keine gleich:
Denn sie singt mir zu gefallen,
Und ihr singt und liebt nur euch.

Mädchen
Merke wohl, du hast uns eine
Jener Huris vorgeheuchelt!
Mag schon sein, wenn es nur keine
Sich auf dieser Erde schmeichelt.

Hatem

Locken! haltet mich gefangen
In dem Kreise des Gesichts!
Euch geliebten braunen Schlangen
Zu erwidern hab' ich nichts.

Nur dies Herz es ist von Dauer,
Schwillt in jugendlichstem Flor;
Unter Schnee und Nebelschauer
Rast ein Ätna dir hervor.

Du beschämst wie Morgenröte
Jener Gipfel ernste Wand,
Und noch einmal fühlet Hatem
Frühlingshauch und Sommerbrand.

Schenke her! Noch eine Flasche!
Diesen Becher bring ich Ihr!
Findet sie ein Häufchen Asche,
Sagt sie: der verbrannte mir.

Suleika
Nimmer will ich dich verlieren!
Liebe gibt der Liebe Kraft.
Magst du meine Jugend zieren
Mit gewaltiger Leidenschaft.
Ach! wie schmeichelt's meinem Triebe,
Wenn man meinen Dichter preist:
Denn das Leben ist die Liebe,
Und des Lebens Leben Geist.

Wenn ich dein gedenke,
Fragt mich gleich der Schenke:
Herr! Warum so still?
Da von deinen Lehren
Immer weiter hören
Saki gerne will.

Wenn ich mich vergesse
Unter der Cypresse
Hält er nichts davon,
Und im stillen Kreise
Bin ich doch so weise,
Klug wie Salomon.

An vollen Büschelzweigen,
Geliebte, sieh' nur hin!
Laß dir die Früchte zeigen
Umschalet stachlig grün.

Sie hängen längst geballet,
Still, unbekannt mit sich,
Ein Ast der schaukelnd wallet
Wiegt sie geduldiglich.

Doch immer reift von Innen
Und schwillt der braune Kern,
Er möchte Luft gewinnen
Und säh die Sonne gern.

Die Schale platzt und nieder
Macht er sich freudig los;
So fallen meine Lieder
Gehäuft in deinen Schoß.

Suleika

An des lust'gen Brunnens Rand
Der in Wasserfäden spielt
Wußt ich nicht was fest mich hielt;
Doch da war von deiner Hand
Meine Chiffer leis' gezogen,
Nieder blickt' ich dir gewogen.

Hier am Ende des Kanals
Der gereihten Hauptallee
Blick' ich wieder in die Höh,
Und da seh' ich abermals
Meine Lettern fein gezogen.
Bleibe! bleibe mir gewogen!

Hatem
Möge Wasser springend, wallend,
Die Cypressen dir gestehn:
Von Suleika zu Suleika
Ist mein Kommen und mein Gehn.

Suleika

Kaum daß ich dich wieder habe
Dich mit Kuß und Liedern labe,
Bist du still in dich gekehret;
Was beengt? und drückt und störet?

Hatem
Ach, Suleika, soll ich's sagen?
Statt zu loben möcht' ich klagen!
Sangest sonst nur meine Lieder,
Immer neu und immer wieder.

Sollte wohl auch diese loben,
Doch sie sind nur eingeschoben;
Nicht von Hafis, nicht Nisami,
Nicht Saadi, nicht von Dschami.

Kenn' ich doch der Väter Menge
Sylb' um Sylbe, Klang um Klänge,
Im Gedächtnis unverloren;
Diese da sind neu geboren.

Gestern wurden sie gedichtet.
Sag hast du dich neu verpflichtet?
Hauchest du so froh-verwegen
Fremden Atem mir entgegen!

Der dich eben so belebet,
Eben so in Liebe schwebet,
Lockend, ladend zum Vereine
So harmonisch als der meine.

Suleika
War Hatem lange doch entfernt,
Das Mädchen hatte was gelernt,
Von ihm war sie so schön gelobt,
Da hat die Trennung sich erprobt.
Wohl daß sie dir nicht fremde scheinen,
Sie sind Suleika's, sind die deinen!

Behramgur, sagt man, hat den Reim erfunden,
Er sprach entzückt aus reiner Seele Drang;
Dilaram schnell, die Freundin seiner Stunden,
Erwiderte mit gleichem Wort und Klang.

Und so, Geliebte! warst du mir beschieden
Des Reims zu finden holden Lustgebrauch,
Daß auch Behramgur ich, den Sassaniden,
Nicht mehr beneiden darf: mir ward es auch.

Hast mir dies Buch geweckt, du hast's gegeben:
Denn was ich froh, aus vollem Herzen, sprach,
Das klang zurück aus deinem holden Leben,
Wie Blick dem Blick, so Reim dem Reime nach.

Nun tön' es fort zu dir, auch aus der Ferne
Das Wort erreicht, und schwände Ton und Schall.
Ist's nicht der Mantel noch gesäter Sterne?
Ist's nicht der Liebe hochverklärtes All?

Suleika

Was bedeutet die Bewegung?
Bringt der Ost mir frohe Kunde?
Seiner Schwingen frische Regung
Kühlt des Herzens tiefe Wunde.

Kosend spielt er mit dem Staube,
Jagt ihn auf in leichten Wölkchen,
Treibt zur sichern Rebenlaube
Der Insekten frohes Völkchen.

Lindert sanft der Sonne Glühen,
Kühlt auch mir die heißen Wangen,
Küßt die Reben noch im Fliehen,
Die auf Feld und Hügel prangen.

Und mir bringt sein leises Flüstern
Von dem Freunde tausend Grüße;
Eh noch diese Hügel düstern
Grüßen mich wohl tausend Küsse.

Und so kannst du weiter ziehen!
Diene Freunden und Betrübten.
Dort wo hohe Mauern glühen
Find' ich bald den Vielgeliebten.

Ach! die wahre Herzenskunde,
Liebeshauch, erfrischtes Leben
Wird mir nur aus seinem Munde,
Kann mir nur sein Atem geben.

Hochbild

Die Sonne, Helios der Griechen,
Fährt prächtig auf der Himmelsbahn,
Gewiß das Weltall zu besiegen
Blickt er umher, hinab, hinan.

Er sieht die schönste Göttin weinen,
Die Wolkentochter, Himmelskind,
Ihr scheint er nur allein zu scheinen,
Für alle heitre Räume blind.

Versenkt er sich in Schmerz und Schauer
Und häufiger quillt ihr Tränenguß;
Er sendet Lust in ihre Trauer
Und jeder Perle Kuß auf Kuß.

Nun fühlt sie tief des Blicks Gewalten,
Und unverwandt schaut sie hinauf,
Die Perlen wollen sich gestalten:
Denn jede nahm sein Bildnis auf.

Und so, umkränzt von Farb' und Bogen,
Erheitert leuchtet ihr Gesicht,
Entgegen kommt er ihr gezogen,
Doch er! doch ach! erreicht sie nicht.

So, nach des Schicksals hartem Lose,
Weichst du mir Lieblichste davon,
Und wär' ich Helios der große
Was nützte mir der Wagenthron?

Suleika

Ach! um deine feuchten Schwingen,
West, wie sehr ich dich beneide:
Denn du kannst ihm Kunde bringen
Was ich in der Trennung leide.

Die Bewegung deiner Flügel
Weckt im Busen stilles Sehnen,
Blumen, Augen, Wald und Hügel
Stehn bei deinem Hauch in Tränen.

Doch dein mildes sanftes Wehen
Kühlt die wunden Augenlider;
Ach für Leid müßt' ich vergehen,
Hofft' ich nicht zu sehn ihn wieder.

Eile denn zu meinem Lieben,
Spreche sanft zu seinem Herzen;
Doch vermeid' ihn zu betrüben
Und verbirg ihm meine Schmerzen.

Sag ihm, aber sag's bescheiden:
Seine Liebe sei mein Leben,
Freudiges Gefühl von beiden
Wird mir seine Nähe geben.

Wiederfinden

Ist es möglich, Stern der Sterne,
Drück' ich wieder dich ans Herz!
Ach! was ist die Nacht der Ferne
Für ein Abgrund, für ein Schmerz.
Ja du bist es! meiner Freuden
Süßer, lieber Widerpart;
Eingedenk vergangner Leiden
Schaudr' ich vor der Gegenwart.

Als die Welt im tiefsten Grunde
Lag an Gottes ew'ger Brust,
Ordnet' er die erste Stunde
Mit erhabner Schöpfungslust,
Und er sprach das Wort: Es werde!
Da erklang ein schmerzlich Ach!
Als das All, mit Machtgebärde,
In die Wirklichkeiten brach.

Auf tat sich das Licht! sich trennte
Scheu die Finsternis von ihm,
Und sogleich die Elemente
Scheidend auseinander fliehn.
Rasch, in wilden wüsten Träumen,
Jedes nach der Weite rang,
Starr, in ungemeßnen Räumen,
Ohne Sehnsucht, ohne Klang.

Stumm war alles, still und öde,
Einsam Gott zum erstenmal!
Da erschuf er Morgenröte,
Die erbarmte sich der Qual;
Sie entwickelte dem Trüben
Ein erklingend Farbenspiel
Und nun konnte wieder lieben
Was erst auseinander fiel.

Und mit eiligem Bestreben
Sucht sich was sich angehört,
Und zu ungemeßnem Leben
Ist Gefühl und Blick gekehrt.
Sei's Ergreifen, sei es Raffen,
Wenn es nur sich faßt und hält!
Allah braucht nicht mehr zu schaffen,
Wir erschaffen seine Welt.

So, mit morgenroten Flügeln
Riß es mich an deinen Mund,
Und die Nacht mit tausend Siegeln
Kräftigt sternenhell den Bund.
Beide sind wir auf der Erde
Musterhaft in Freud und Qual
Und ein zweites Wort: Es werde!
Trennt uns nicht zum zweitenmal.

Vollmondnacht

Herrin! sag was heißt das Flüstern?
Was bewegt dir leis' die Lippen?
Lispelst immer vor dich hin,
Lieblicher als Weines Nippen!
Denkst du deinen Mundgeschwistern
Noch ein Pärchen herzuziehn?

Ich will küssen! Küssen! sagt' ich.

Schau! Im zweifelhaften Dunkel
Glühen blühend alle Zweige,
Nieder spielet Stern auf Stern,
Und, smaragden, durchs Gesträuche
Tausendfältiger Karfunkel;
Doch dein Geist ist allem fern.

Ich will küssen! Küssen! sagt' ich.

Dein Geliebter, fern, erprobet
Gleicherweis im Sauersüßen,
Fühlt ein unglücksel'ges Glück.
Euch im Vollmond zu begrüßen
Habt ihr heilig angelobet,
Dieses ist der Augenblick.

Ich will küssen! Küssen! sag' ich.

In tausend Formen magst du dich verstecken,
Doch, Allerliebste, gleich erkenn' ich dich,
Du magst mit Zauberschleiern dich bedecken,
Allgegenwärtige, gleich erkenn' ich dich.

An der Cypresse reinstem, jungen Streben,
Allschöngewachsne, gleich erkenn' ich dich,
In des Kanales reinem Wellenleben,
Allschmeichelhafte, wohl erkenn' ich dich.

Wenn steigend sich der Wasserstrahl entfaltet,
Allspielende, wie froh erkenn' ich dich.
Wenn Wolke sich gestaltend umgestaltet,
Allmannigfaltige, dort erkenn' ich dich.

An des geblümten Schleiers Wiesenteppich,
Allbuntbesternte, schön erkenn' ich dich.
Und greift umher ein tausendarmger Eppich,
O! Allumklammernde, da kenn' ich dich.

Wenn am Gebirg der Morgen sich entzündet,
Gleich, Allerheiternde, begrüß' ich dich,
Dann über mir der Himmel rein sich ründet,
Allherzerweiternde, dann atm' ich dich.

Was ich mit äußerm Sinn, mit innerm kenne,
Du Allbelehrende, kenn' ich durch dich.
Und wenn ich Allahs Namenhundert nenne,
Mit jedem klingt ein Name nach für dich.

Pandora

Aus: Inschriften, Denk- und Sende-Blätter

32
Du hattest längst mir's angetan,
Doch jetzt gewahr' ich neues Leben;
Ein süßer Mund blickt uns gar freundlich an
Wenn er uns einen Kuß gegeben.

33
Tadelt man daß wir uns lieben,
Dürfen wir uns nicht betrüben,
Tadel ist von keiner Kraft.
Andern Dingen mag das gelten,
Kein Mißbilligen, kein Schelten
Macht die Liebe tadelhaft.

34
Du Schüler Howards, wunderlich
Siehst Morgens um und über dich
Ob Nebel fallen, ob sie steigen,
Und was sich für Gewölke zeigen.

Auf Berges Ferne ballt sich auf
Ein Alpenheer, beeist zu Hauf,
Und oben drüber flüchtig schweifen
Gefiedert weiße luftige Streifen;
Doch unten senkt sich grau und grauer
Aus Wolkenschicht ein Regenschauer.

Und wenn bei stillem Dämmerlicht
Ein allerliebstes Treugesicht
Auf holder Schwelle dir begegnet,
Weißt du ob's heitert? ob es regnet?

35
Wenn sich lebendig Silber neigt,
So gibt es Schnee und Regen,
Und wie es wieder aufwärts steigt
Ist blaues Zelt zugegen.
Auch sinke viel, es steige kaum
Der Freude Wink, des Schmerzens,
Man fühlt ihn gleich im engen Raum
Des lieb-lebend'gen Herzens.

36
Du gingst vorüber? Wie! ich sah dich nicht;
Du kamst zurück, dich hab' ich nicht gesehen –
Verlorner, unglücksel'ger Augenblick!
Bin ich denn blind? Wie soll mir das geschehen?

Doch tröst' ich mich und du verzeihst mir gern,
Entschuldigung wirst du mit Freude finden;
Ich sehe dich, bist du auch noch so fern!
Und in der Nähe kannst du mir verschwinden.

37
Am heißen Quell verbringst du deine Tage,
Das regt mich auf zu innerm Zwist;
Denn wie ich dich so ganz im Herzen trage
Begreif' ich nicht wie du wo anders bist.

Trilogie der Leidenschaft

An Werther

Noch einmal wagst du, vielbeweinter Schatten,
Hervor dich an das Tageslicht,
Begegnest mir auf neu beblümten Matten
Und meinen Anblick scheust du nicht.
Es ist als ob du lebtest in der Frühe,
Wo uns der Tau auf Einem Feld erquickt,
Und nach des Tages unwillkommner Mühe
Der Scheidesonne letzter Strahl entzückt;
Zum Bleiben ich, zum Scheiden du, erkoren,
Gingst du voran – und hast nicht viel verloren.

Des Menschen Leben scheint ein herrlich Los:
Der Tag, wie lieblich, so die Nacht, wie groß!
Und wir gepflanzt in Paradieses Wonne,
Genießen kaum der hocherlauchten Sonne,
Da kämpft sogleich verworrene Bestrebung
Bald mit uns selbst und bald mit der Umgebung;
Keins wird vom andern wünschenswert ergänzt,
Von außen düstert's, wenn es innen glänzt,
Ein glänzend Äußres deckt mein trüber Blick,
Da steht es nah – und man verkennt das Glück.

Nun glauben wir's zu kennen! Mit Gewalt
Ergreift uns Liebreiz weiblicher Gestalt:
Der Jüngling, froh wie in der Kindheit Flor
Im Frühling tritt als Frühling selbst hervor,
Entzückt, erstaunt, wer dies ihm angetan?
Er schaut umher, die Welt gehört ihm an.
In's Weite zieht ihn unbefangene Hast,
Nichts engt ihn ein, nicht Mauer, nicht Palast;
Wie Vögelschar an Wäldergipfeln streift,
So schwebt auch er, der um die Liebste schweift,

Er sucht vom Äther, den er gern verläßt,
Den treuen Blick und dieser hält ihn fest.

Doch erst zu früh und dann zu spat gewarnt,
Fühlt er den Flug gehemmt, fühlt sich umgarnt,
Das Wiedersehn ist froh, das Scheiden schwer,
Das Wieder-Wiedersehn beglückt noch mehr
Und Jahre sind im Augenblick ersetzt;
Doch tückisch harrt das Lebewohl zuletzt.

Du lächelst, Freund, gefühlvoll wie sich ziemt:
Ein gräßlich Scheiden machte dich berühmt;
Wir feierten dein kläglich Mißgeschick,
Du ließest uns zu Wohl und Weh zurück;
Dann zog uns wieder ungewisse Bahn
Der Leidenschaften labyrinthisch an;
Und wir verschlungen wiederholter Not,
Dem Scheiden endlich – Scheiden ist der Tod!
Wie klingt es rührend wenn der Dichter singt,
Den Tod zu meiden, den das Scheiden bringt!
Verstrickt in solche Qualen halbverschuldet
Geb' ihm ein Gott zu sagen was er duldet.

Elegie

Und wenn der Mensch in seiner Qual verstummt,
Gab mir ein Gott zu sagen was ich leide.

Was soll ich nun vom Wiedersehen hoffen,
Von dieses Tages noch geschloss'ner Blüte?
Das Paradies, die Hölle steht dir offen;
Wie wankelsinnig regt sich's im Gemüte! –
Kein Zweifeln mehr! Sie tritt an's Himmelstor,
Zu Ihren Armen hebt sie dich empor.

–

So warst du denn im Paradies empfangen
Als wärst du wert des ewig schönen Lebens;
Dir blieb kein Wunsch, kein Hoffen, kein Verlangen,
Hier war das Ziel des innigsten Bestrebens,
Und in dem Anschaun dieses einzig Schönen
Versiegte gleich der Quell sehnsüchtiger Tränen.

Wie regte nicht der Tag die raschen Flügel,
Schien die Minuten vor sich her zu treiben!
Der Abendkuß, ein treu verbindlich Siegel:
So wird es auch der nächsten Sonne bleiben.
Die Stunden glichen sich in zartem Wandern
Wie Schwestern zwar, doch keine ganz den andern.

Der Kuß der letzte, grausam süß, zerschneidend
Ein herrliches Geflecht verschlungner Minnen.
Nun eilt, nun stockt der Fuß die Schwelle meidend,
Als trieb ein Cherub flammend ihn von hinnen;
Das Auge starrt auf düstrem Pfad verdrossen,
Es blickt zurück, die Pforte steht verschlossen.

Und nun verschlossen in sich selbst, als hätte
Dies Herz sich nie geöffnet, selige Stunden
Mit jedem Stern des Himmels um die Wette
An ihrer Seite leuchtend nicht empfunden;
Und Mißmut, Reue, Vorwurf, Sorgenschwere
Belasten's nun in schwüler Atmosphäre.

Ist denn die Welt nicht übrig? Felsenwände
Sind sie nicht mehr gekrönt von heiligen Schatten?
Die Ernte reift sie nicht? Ein grün Gelände
Zieht sich's nicht hin am Fluß durch Busch und Matten?
Und wölbt sich nicht das überweltlich Große
Gestaltenreiche, bald gestaltenlose?

Wie leicht und zierlich, klar und zart gewoben,
Schwebt, Seraph gleich, aus ernster Wolken Chor,
Als glich es ihr, am blauen Äther droben,
Ein schlank Gebild aus lichtem Duft empor:
So sahst du sie in frohem Tanze walten
Die Lieblichste der lieblichsten Gestalten.

Doch nur Momente darfst dich unterwinden
Ein Luftgebild statt ihrer fest zu halten;
In's Herz zurück, dort wirst du's besser finden,
Dort regt sie sich in wechselnden Gestalten;
Zu Vielen bildet Eine sich hinüber,
So tausendfach, und immer immer lieber.

Wie zum Empfang sie an den Pforten weilte
Und mich von dannauf stufenweis beglückte;
Selbst nach dem letzten Kuß mich noch ereilte,
Den letztesten mir auf die Lippen drückte:
So klar beweglich bleibt das Bild der Lieben,
Mit Flammenschrift, in's treue Herz geschrieben.

In's Herz, das fest wie zinnenhohe Mauer
Sich ihr bewahrt und sie in sich bewahret,
Für sie sich freut an seiner eignen Dauer,
Nur weiß von sich, wenn sie sich offenbaret,
Sich freier fühlt in so geliebten Schranken
Und nur noch schlägt, für alles ihr zu danken.

War Fähigkeit zu lieben, war Bedürfen
Von Gegenliebe weggelöscht, verschwunden;
Ist Hoffnungslust zu freudigen Entwürfen,
Entschlüssen, rascher Tat sogleich gefunden!
Wenn Liebe je den Liebenden begeistet,
Ward es an mir auf's lieblichste geleistet;

Und zwar durch sie! – Wie lag ein innres Bangen
Auf Geist und Körper, unwillkommner Schwere:
Von Schauerbildern rings der Blick umfangen
Im wüsten Raum beklommner Herzensleere;
Nun dämmert Hoffung von bekannter Schwelle,
Sie selbst erscheint in milder Sonnenhelle.

Dem Frieden Gottes, welcher euch hienieden
Mehr als Vernunft beseliget – wir lesen's –
Vergleich' ich wohl der Liebe heitern Frieden
In Gegenwart des allgeliebten Wesens;
Da ruht das Herz und nichts vermag zu stören
Den tiefsten Sinn, den Sinn ihr zu gehören.

In unsers Busens Reine wogt ein Streben,
Sich einem höhern, reinern, unbekannten,
Aus Dankbarkeit freiwillig hinzugeben,
Enträtselnd sich den ewig Ungenannten;
Wir heißen's: fromm sein! – Solcher seligen Höhe
Fühl' ich mich teilhaft, wenn ich vor ihr stehe.

Vor ihrem Blick, wie vor der Sonne Walten,
Vor ihrem Atem, wie vor Frühlingslüften,
Zerschmilzt, so längst sich eisig starr gehalten,
Der Selbstsinn tief in winterlichen Grüften;
Kein Eigennutz, kein Eigenwille dauert,
Vor ihrem Kommen sind sie weggeschauert.

Es ist als wenn sie sagte: »Stund um Stunde
Wird uns das Leben freundlich dargeboten,
Das Gestrige ließ uns geringe Kunde,
Das Morgende, zu wissen ist's verboten;
Und wenn ich je mich vor dem Abend scheute,
Die Sonne sank und sah noch was mich freute.

Drum tu' wie ich und schaue, froh verständig,
Dem Augenblick in's Auge! Kein Verschieben!
Begegn' ihm schnell, wohlwollend wie lebendig,
Im Handeln sei's, zur Freude, sei's dem Lieben;
Nur wo du bist sei alles, immer kindlich,
So bist du alles, bist unüberwindlich.«

Du hast gut reden, dacht' ich, zum Geleite
Gab dir ein Gott die Gunst des Augenblickes,
Und jeder fühlt an deiner holden Seite
Sich Augenblicks den Günstling des Geschickes;
Mich schreckt der Wink von dir mich zu entfernen,
Was hilft es mir so hohe Weisheit lernen!

Nun bin ich fern! Der jetzigen Minute
Was ziemt denn der? Ich wüßt' es nicht zu sagen;
Sie bietet mir zum Schönen manches Gute,
Das lastet nur, ich muß mich ihm entschlagen;
Mich treibt umher ein unbezwinglich Sehnen,
Da bleibt kein Rat als grenzenlose Tränen.

So quellt denn fort! und fließet unaufhaltsam;
Doch nie geläng's die innre Glut zu dämpfen!
Schon rast's und reißt in meiner Brust gewaltsam,
Wo Tod und Leben grausend sich bekämpfen.
Wohl Kräuter gäb's, des Körpers Qual zu stillen;
Allein dem Geist fehlt's am Entschluß und Willen,

Fehlt's am Begriff: wie sollt' er sie vermissen?
Er wiederholt ihr Bild zu tausendmalen.
Das zaudert blad, bald wird es weggerissen,
Undeutlich jetzt und jetzt im reinsten Strahlen;
Wie könnte dies geringstem Troste frommen,
Die Ebb' und Flut, das Gehen wie das Kommen?

–

Verlaßt mich hier, getreue Weggenossen!
Laßt mich allein am Fels, in Moor und Moos;
Nur immer zu! euch ist die Welt erschlossen,
Die Erde weit, der Himmel hehr und groß;
Betrachtet, forscht, die Einzelheiten sammelt,
Naturgeheimnis werde nachgestammelt.

Mir ist das All, ich bin mir selbst verloren,
Der ich noch erst den Göttern Liebling war;
Sie prüften mich, verliehen mir Pandoren,
So reich an Gütern, reicher an Gefahr;
Sie drängten mich zum gabeseligen Munde,
Sie trennen mich, und richten mich zu Grunde.

Aussöhnung

Die Leidenschaft bringt Leiden! – Wer beschwichtigt
Beklommnes Herz das allzuviel verloren?
Wo sind die Stunden, überschnell verflüchtigt?
Vergebens war das Schönste dir erkoren!
Trüb' ist der Geist, verworren das Beginnen;
Die hehre Welt wie schwindet sie den Sinnen!

Da schwebt hervor Musik mit Engelschwingen,
Verflicht zu Millionen Tön' um Töne,
Des Menschen Wesen durch und durch zu dringen,
Zu überfüllen ihn mit ew'ger Schöne:
Das Auge netzt sich, fühlt im höhern Sehnen
Den Götter-Wert der Töne wie der Tränen.

Und so das Herz erleichtert merkt behende
Daß es noch lebt und schlägt und möchte schlagen,
Zum reinsten Dank der überreichen Spende
Sich selbst erwidernd willig darzutragen.

Da fühlte sich – o daß es ewig bliebe! –
Das Doppel-Glück der Töne wie der Liebe.

–

Äolsharfen

Gespräch

Er

Ich dacht' ich habe keinen Schmerz
Und doch war mir so bang um's Herz,
Mir war's gebunden vor der Stirn
Und hohl im innersten Gehirn –
Bis endlich Trän' auf Träne fließt,
Verhaltnes Lebewohl ergießt. –
Ihr Lebewohl war heitre Ruh,
Sie weint wohl jetzund auch wie du.

Sie

Ja er ist fort, das muß nun sein!
Ihr Lieben laßt mich nur allein,
Sollt' ich euch seltsam scheinen,
Es wird nicht ewig währen!
Jetzt kann ich ihn nicht entbehren.
Und da muß ich weinen.

Er

Zur Trauer bin ich nicht gestimmt
Und Freude kann ich auch nicht haben:
Was sollen mir die reifen Gaben,
Die man von jedem Baume nimmt!
Der Tag ist mir zum Überdruß,
Langweilig ist's, wenn Nächte sich befeuern;
Mir bleibt der einzige Genuß
Dein holdes Bild mir ewig zu erneuern,

Und fühltest du den Wunsch nach diesem Segen,
Du kämest mir auf halbem Weg entgegen.

Sie
Du trauerst daß ich nicht erscheine,
Vielleicht entfernt so treu nicht meine,
Sonst wär' mein Geist im Bilde da.
Schmückt Iris wohl des Himmels Bläue?
Laß regnen, gleich erscheint die Neue.
Du weinst! Schon bin ich wieder da.

Er
Ja du bist wohl an Iris zu vergleichen!
Ein liebenswürdig Wunderzeichen.
So schmiegsam herrlich, bunt in Harmonie
Und immer neu und immer gleich wie sie.

Erinnerung

Um Mitternacht

Um Mitternacht ging ich, nicht eben gerne,
Klein, kleiner Knabe, jenen Kirchhof hin
Zu Vaters Haus, des Pfarrers, Stern am Sterne
Sie leuchteten doch alle gar zu schön;
Um Mitternacht.

Wenn ich dann ferner in des Lebens Weite
Zur Liebsten mußte, mußte weil sie zog,
Gestirn und Nordschein über mir im Streite,
Ich gehend, kommend Seligkeiten sog;
Um Mitternacht.

Bis dann zuletzt des vollen Mondes Helle
So klar und deutlich mir in's Finstere drang,
Auch der Gedanke willig, sinnig, schnelle
Sich um's Vergangne wie um's Künftige schlang;
Um Mitternacht.

Gefunden

Ich ging im Walde
So für mich hin,
Und nichts zu suchen
Das war mein Sinn.

Im Schatten sah ich
Ein Blümchen stehn,
Wie Sterne leuchtend,
Wie Äuglein schön.

Ich wollt' es brechen;
Da sagt' es fein:
Soll ich zum Welken
Gebrochen sein?

Ich grub's mit allen
Den Würzlein aus,
Zum Garten trug ich's
Am hübschen Haus.

Und pflanzt es wieder
Am stillen Ort;
Nun zweigt es immer
Und blüht so fort.

War früh gesprosset
In lieblichem Flor;
Da kam ein Bienchen
Und naschte fein: –
Die müssen wohl beide
Für einander sein.

Im Vorübergehn

Ich ging im Felde
So für mich hin,
Und nichts zu suchen,
Das war mein Sinn.

Da stand ein Blümchen
Sogleich so nah,
Daß ich im Leben
Nichts lieber sah

Ich wollt' es brechen
Da sagt' es schleunig:
Ich habe Wurzeln,
Die sind gar heimlich.

Im tiefen Boden
Bin ich gegründet.
Drum sind die Blüten
So schön geründet.

Ich kann nicht liebeln,
Ich kann nicht schranzen;
Mußt mich nicht brechen,
Mußt mich verpflanzen.

Ich ging im Walde
So vor mich hin;
Ich war so heiter,
Wollt' immer weiter –
Das war mein Sinn.

Der Bräutigam

Um Mitternacht, ich schlief, im Busen wachte
Das liebevolle Herz als wär' es Tag;
Der Tag erschien, mir war als ob es nachte,
Was ist es mir, soviel er bringen mag.

Sie fehlte ja, mein emsig Tun und Streben,
Für sie allein ertrug ich's durch die Glut
Der heißen Stunde, welch erquicktes Leben
Am kühlen Abend! lohnend war's und gut.

Die Sonne sank und Hand in Hand verpflichtet
Begrüßten wir den letzten Segensblick,
Und Auge sprach, in's Auge klar gerichtet;
Von Osten, hoffe nur, sie kommt zurück.

Um Mitternacht der Sterne Glanz geleitet
Im holden Traum zur Schwelle, wo sie ruht.
O sei auch mir dort auszuruhn bereitet,
Wie es auch sei das Leben, es ist gut.

Aus: Zahme Xenien IV

Ich wünsche mir eine hübsche Frau,
Die nicht alles nähme gar zu genau,
Doch aber zugleich am besten verstände
Wie ich mich selbst am besten befände.

Wäre Gott und Eine,
So wäre mein Lied nicht kleine.

Gott hab' ich und die Kleine
Im Lied erhalten reine.

So laßt mir das Gedächtnis
Als fröhliches Vermächtnis.

»Sie betrog dich geraume Zeit,
Nun siehst du wohl sie war ein Schein«,
Was weißt du denn von Wirklichkeit;
War sie drum weniger mein?

»Betrogen bist du zum Erbarmen
Nun läßt sie dich allein!«
Und war es nur ein Schein;
Sie lag in meinen Armen,
War sie drum weniger mein?

Aus: Chinesisch-deutsche Jahres- und Tageszeiten

VI

Der Guckuck wie die Nachtigall
Sie mögten den Frühling fesseln,
Doch drängt der Sommer schon überall
Mit Disteln und mit Nesseln;
Auch mir hat er das leichte Laub
An jenem Baum verdichtet,
Durch das ich sonst zu schönstem Raub
Den Liebesblick gerichtet;
Verdeckt ist mir das bunte Dach,
Die Gitter und die Pfosten,
Wohin mein Auge spähend brach,
Dort ewig bleibt mein Osten.

VII

War schöner als der schönste Tag,
Drum muß man mir verzeihen,
Daß ich sie nicht vergessen mag
Am wenigsten im Freien.
Im Garten war's, Sie kam heran
Mir ihre Gunst zu zeigen;
Das fühl' ich noch und denke dran
Und bleib' ihr ganz zu eigen.

Dem aufgehenden Vollmonde

Dornburg, August 1828

Willst du mich sogleich verlassen!
Warst im Augenblick so nah!
Dich umfinstern Wolkenmassen
Und nun bist du gar nicht da.

Doch du fühlst wie ich betrübt bin,
Blickt dein Rand herauf als Stern!
Zeugest mir daß ich geliebt bin,
Sei das Liebchen noch so fern.

So hinan denn! hell und heller,
Reiner Bahn, in voller Pracht!
Schlägt mein Herz auch schmerzlich schneller,
Überselig ist die Nacht.

In goldnen Frühlings Sonnen Stunden
Lag ich gebunden
An dies Gesicht
In holder Dunkelheit der Sinnen
Konnt ich wohl diesen Traum beginnen
Vollenden nicht.

Erläuterungen

Das Bändchen ist chronologisch aufgebaut und nach Frauennamen gegliedert. Es handelt sich meistens nicht um reale, sondern um poetische Namen, mit Ausnahme von Friederike und Lili, die solche poetische Namen nicht erhielten, aber durch die Darstellung in »Dichtung und Wahrheit« selbst zu poetischen Figuren wurden. Welche Realität hinter den einzelnen Namen steht, ist von nur geringem Belang. Zwar treibt uns die natürliche Neugierde immer wieder zu Fragen nach dem Realitätsgehalt von Dichtung, vor allem von Liebesdichtung (vgl. hierzu auch S. 34, die vierte der ›Römischen Elegien‹). Aber das Wesentliche, was wir in Erfahrung bringen können, steht in den Dichtungen selbst. Deshalb werden im folgenden nur einige wenige Zusatzinformationen gegeben, die für ein angemessenes Verständnis unerläßlich erscheinen.

An *Annette* sind die Liebesgedichte des Leipziger Studenten Goethe gerichtet. Sie zeugen vom Geist des ›Klein-Paris‹: des deutschen bürgerlichen Rokoko und der dazugehörigen Pointenkunst. Es entsteht hier erstmals eine bürgerliche Alltagskultur, die nicht religiös, sondern weltlich dominiert ist und ihren Sinn in Geselligkeit, im gemeinsamen Musizieren, Theaterspielen und natürlich in kultivierter Liebelei und dem dazugehörigen Verseschmieden findet.

Friederike ist die Adressatin des Straßburger Studenten. Ihr, der Sesenheimer Pfarrerstochter, hat Goethe auch in »Dichtung und Wahrheit« eine bittersüße Geschichte von Liebe und Abschied gewidmet – längere Zeit eine der Lieblingsgeschichten der Deutschen, denn da verschmolzen auf anmutige Weise die Vorstellung vom jungen Genie, das bei aller Liebenswürdigkeit doch um seiner Sendung willen schließlich über kleine Verhältnisse hinwegschreiten muß, mit der vom deutschen Mäd*chen* (Gret*chen*, Klär*chen*, Käth*chen*...) und auch vom deutschen Elsaß. Einige der Gedichte – man wird sie vielleicht ohne nähere Auszeichnung erkennen –

sind von Goethe nie veröffentlicht worden, fanden sich nur im Nachlaß der Besungenen, sind ganz aus der Gelegenheit entstanden und als Briefchen von unterwegs oder von Straßburg nach Sesenheim gegangen.

An *Lili* sind die Liebesgedichte des Frankfurter Rechtsanwaltes gerichtet. Auch Lili ist noch in »Dichtung und Wahrheit« als Real-Figur überliefert und dort, wie Friederike, bei ihrem bürgerlichen Namen, Lili Schönemann, genannt. Zumindest in der Komposition dieser Halbautobiographie sind Friederiken- und Lili-Liebe symmetrisch oder komplementär gebaut. Beide, so suggeriert die Darstellung, scheitern letztlich an objektiven Notwendigkeiten (die freilich nicht so ganz plausibel werden).

1775, Szenenwechsel, der wichtigste in Goethes Leben: Goethe geht nach Weimar, in den Bannkreis des dortigen Fürstenhofes und in den Bannkreis Charlotte von Steins. Als *Lida* – metrisch äquivalent mit Lotte – erscheint sie in den publizierten Gedichten. Die immer wieder einmal gestellte Frage, welchen körperlichen Ausdruck diese Liebe gefunden hat, ist nicht schlüssig beantwortbar, und es gibt auch keine Notwendigkeit, sie zu beantworten. Der poetische Ertrag jedenfalls besteht in einigen der schönsten und einem der gedankentiefsten deutschen Liebesgedichte.

Ob es in Italien, während Goethes Aufenthalt 1786-88, tatsächlich für ihn eine Frau namens *Faustine* gab oder ob sie allein der dichterischen Phantasie entsprungen ist, läßt sich gleichfalls nicht definitiv entscheiden; in Weimar jedenfalls gab es nach seiner Rückkehr die metrisch gleichwertige Christiane Vulpius. Der Name ›Faustine‹ mag für den Ton der Liebesgedichte der 90er Jahre stehen, der sich von dem der voritalienischen Zeit deutlich unterscheidet. Die Römischen Elegien jedenfalls sind nicht in Rom, sondern erst in Weimar entstanden, liegen in einer Handschrift mit dem Titel »Erotica Romana« vor und wurden dann 1795 von Schiller in den ›Horen‹ publiziert, in einer ›gereinigten‹, 20 Gedichte umfassenden Version. Wir bringen hier die ersten sechs (von insgesamt 24 handschriftlich überlieferten Gedichten) in Textbestand, Anordnung und Wortlaut der handschriftlichen Frühfassung, einschließlich der dann ausgesonderten zweiten; sie inszenieren die Ankunft, die Suche und das Finden der richtigen Partnerin, mit der erst Roma/Amor ein Ganzes bilden kann. Es lohnt hier, auch einen Blick in eine andere Goethe-Ausgabe zu werfen, um zu sehen, wie Goethe den Text schließlich an die Erfordernisse der Publikation angepaßt hat. Einige aus den »Epigrammen. Venedig 1790« geben einen Einblick in die zweite Italienreise, als Goethe frustriert in Venedig auf die Herzogin wartete, sich die Zeit mit der Beobachtung der kleinen Gauklerin Bettine und der venezianischen Dirnen (der »Lazerten«) vertrieb, während daheim Christiane und der kleine Sohn warteten. Sowohl die »Erotica« als auch die »Epigramme« führen bereits eine unterschwellige artistische Anspielungsschicht mit sich, die auf lateinische Vorbilder, vor allem auf die Liebeselegien des Properz und die Epigramme Martials verweist. Augenfälliges äußeres Indiz dafür: Goethe schreibt die »Erotica« nicht in deutscher, sondern in lateinischer Schrift nieder, wie man sie damals nur für fremdsprachige Texte benutzte; auch beim »West-östlichen« Divan wird er dann die lateinische Schrift benutzen.

Silvie, Minna, Bettine, Caroline... Die Zahl der Namen und die Pünktchen sollen verdeutlichen, daß nun, seit der Jahrhundertwende, die Dichtung noch weiter von konkreten Anlässen sich löst oder daß Anlässe bewußt inszeniert werden, damit die poetische Phantasie etwas zu tun bekommt. So sind die »Sonette« das Ergebnis von einer Art Dichter-Wettstreit mit Zacharias Werner in Jena im Hause Frommann, und das dortige Ziehtöchterchen Minna Herzlieb (oder war es Bettine Brentano oder Silvie von Ziegesar oder...?) befeuerte die Phantasie. Selbst das sexuelle Versagen kann nun (in »Das Tagebuch«) zum Gegenstand einer überlegen dahinschreitenden Versnovelle mit (ironischer?) moralischer Pointe werden. Typisch ist die Entstehungsweise des Gedichts »Gegenwart«. Bei einer Familientafel im

Hause Goethe wurde ein Lied gesungen, dessen Text ihm nicht gefiel, und da hat er dann sogleich auf einen zufällig daliegenden Brief einen besseren geschrieben. Ähnlich war schon »Nähe des Geliebten« entstanden, als Verbesserung eines Gedichtes von Friederike Brun: Wahrhaftig keine Erlebnislyrik im landläufigen Sinn, sondern Schaffensweise eines Meisters.

Man fiele aber nun von einem Extrem ins andere, wenn man Goethe jede emotionale Beteiligung absprechen wollte. Inszenierung ist auch der »West-östliche Divan«, ja: Maskenspiel, Zitat, ironisches Sicheinspielen in Rollen am Leitfaden persischer und arabischer Vorbilder. Stück für Stück werden die Spielsteine aufgebaut: »Da du nun Suleika heißest/Sollt ich auch benamset sein.« Aber es ist Spiel mit hohem Risiko, wie das schon im letzten der »Sonette« ausgedrückt wird: Der Feuerwerker, der da die Ladung kunstvoll und kontrolliert zündet, kann unversehens selbst mit in die Luft fliegen – und auch dieser Gedanke wird ins Spiel mit einbezogen. Noch in einer zweiten Hinsicht sind die »Sonette« ein Präludium des »Divan«: Goethe hatte für die Mädchen-Strophen der »Sonette« Stellen aus Briefen Bettine Brentanos verwendet. Im Zusammenhang des »Divan« nun ereignet sich der große Glücksfall, daß die poetisch Angesprochene sich tatsächlich voll am Spiel beteiligt und ebenbürtig antwortet: Marianne Willemer, als *Suleika* angesprochen, sendet ihrerseits Gedichte, die Goethe leicht bearbeitet in die Sammlung aufnimmt.

Dann hat es den Feuerwerker doch erwischt. *Pandora* ist der poetische Name der 1804 geborenen Ulrike von Levetzow (und war 1806 schon einmal der ihrer Mutter). Sie gewinnt schon beim Marienbader Aufenthalt 1822 für Goethe besondere Bedeutung. In diesem Jahr entsteht das Gedicht »Äolsharfen«. Einblicke in die Atmosphäre des folgenden Marienbader Sommers 1823 geben die kleinen Widmungsgedichte aus den »Inschriften...« Schließlich läßt der Vierundsiebzigjährige durch den Herzog Karl August förmlich um die Hand der Neunzehnjährigen anhalten. Vergebens, die Situation ist unmöglich. Erst der Besuch des alten Freundes Zelter im Winter 1823/24 führt zur Wiedergewinnung des Gleichgewichts, und die Kurmethode Zelters ist wieder typisch: Immer wieder muß er Goethe die »Elegie« vorlesen, die das Marienbader Geschehen und seinen Umraum reflektiert und ins Allgemeine hebt. Zusammen mit den Gedichten »An Werther« (anläßlich des 50jährigen Jubiläums der Erstausgabe) und »Aussöhnung« (ursprünglich an die Pianistin Marie Szymanowska) bildet sie schließlich in der ›Ausgabe letzter Hand‹ von 1827 die »Trilogie der Leidenschaft«. Unsere Textdarbietung folgt denn auch der objektivierenden Komposition dieser Ausgabe, nicht der Chronologie.

Bleibt ein Kapitel *Erinnerung*. Biographisch orientierte Philologie hielt es einmal für wichtig herauszufinden, welcher Frau die Erinnerung jeweils gilt. Das führte u.a. zu einem absurden Streit darüber, ob Goethe im Gedicht »Der Bräutigam« an Lili oder Charlotte oder Christiane oder Ulrike dachte. Vorschlag: Er dachte an alle und keine. Hilfreich können vielleicht zwei Hinweise sein: Die Sequenz aus den »Zahmen Xenien« dürfte sich wohl tatsächlich auf die 1815 gestorbene Christiane von Goethe beziehen; man sollte die Rede von Betrug aber nicht im landläufigen Sinn verstehen, sondern an die Möglichkeit denken, daß sie durch ihren Tod zum Schemen, zur Nichtwirklichkeit geworden war, etwa wie Helena im »Faust II«. Die Beziehung zu ihr war wohl viel inniger, als der Hofklatsch es wahrhaben wollte. »Dem aufgehenden Vollmonde« hat Goethe kurze Zeit nach der Entstehung an Marianne Willemer gesandt. Es wäre dabei an beider Vollmondkult zu denken (vgl. im »Divan« das Gedicht »Vollmondnacht«). Das Schlußgedicht schließlich ist ein Fragment, kaum datierbar, der Bezug ist ungeklärt, vielleicht ist es gar kein Liebesgedicht (»Gesicht« könnte auch Vision heißen); es ist einfach nur schön.

K.E.

Zur Textgestalt

Die Texte sind den Bänden 1-3 der Frankfurter Ausgabe der Werke Goethes im Deutschen Klassiker Verlag entnommen; dort sind auch ausführliche Kommentare zu finden. Die Orthographie ist modernisiert, die Interpunktion ist mit wenigen Ausnahmen beibehalten.
Der Lautstand wurde, so weit als abweichend vom heutigen erkennbar, gewahrt (z. B. »Friedricke« im Reim auf »Blicke«, »Winder« im Reim auf »Kinder«). Wenn ein Gedicht erst in einer späteren Fassung einen Titel erhielt, ist er in Spitzklammern davorgesetzt.

K. E.

Inhalt

Annette

Friederike

Lili

Lida

Faustine

Suleika

Aus: West-östlicher Divan, Buch Suleika. 1819:

Pandora

Erinnerung